洛阳伽蓝记
校释今译

[北魏] 杨衒之 著　　　周振甫 释译

引 言

周祖谟先生在《洛阳伽蓝记校释》(以下称《校释》)自序中说:"这部书流传至今已经有一千四百多年了,但始终缺乏一个善本。现在流行的几种刻本都有错字脱文,必须参校各本才能读得下来。根据刘知几《史通》所说,我们知道原书本有正文、子注之分,现在的刻本都连写在一起,不贯通全书文例,很不容易分辨。"周祖谟先生的校勘,既校了流行的几种刻本的错字脱文,又校了几种引了《洛阳伽蓝记》(以下称《伽蓝记》)的书,像他在自序里说的,引了《历代三宝纪》《续高僧传》《大唐内典录》《酉阳杂俎》《绀珠集》《类说》《元河南志》及《永乐大典》等书。周祖谟先生引了这些引用《伽蓝记》原文的书,明了了《伽蓝记》怎样分正文、子注的体例,因此做了正文、子注的分别。正文顶格排,子注低一格排。因此,周祖谟先生的校勘,不仅校了几种刻本的错字脱文,还校了几种引了《伽蓝记》原文的书,是最好的善本了。这个善本,正好引为今译。除引了这个善本,对于周祖谟先生的校勘记,既有周先生的书,就不必引了。对于周祖谟先生的释,有的地方周先生认为不必释的,如原序开头的"三坟五典"及"九流",我都注了。对于原序"永熙多难,皇舆迁邺",周先生注"元魏孝武帝

（元修）于永熙三年七月为斛斯椿所迫，西出于长安。十月，孝静帝（元善见）即位，北迁于邺"。这样注，对于多难只讲到一难。这里不提高欢、宇文泰。我的注提到了当时的战乱。这说明我的注比较详一些。再像卷五记宋云去印度求经时，周先生引了法显《行传》，又引了玄奘《西域记》，极为丰富，我只引了一个人的，比较简单。这说明在注释的详略上，我和周先生不同。

在今译中有几个地方和周先生的注释不同，可能是我的看法不正确，也不妨谈谈。在卷一瑶光寺，周先生《校释》五四页末行称"凡四殿"，可上文倒三行称"钓台南有宣光殿，北有嘉福殿，西有九龙殿"，只有三殿，缺一殿。原来上文称"台东有宣慈观"，他把宣慈观也作为一殿，合称四殿。这个注可有可无，周先生可以不注。卷一景林寺，周先生《校释》六八页"柰林南有石碑一所，魏明帝所立也。题云'苗茨之碑'"。下注《水经注》云："天渊池南置魏文帝茅茨堂，前有茅茨碑，是黄初中所立也。"则前"魏明帝"当作"魏〔文〕（明）帝"。下文"魏明英才"，亦当作"魏〔文〕（明）英才"即改"明"为"文"，则与下"公幹、仲宣，为其羽翼"相合矣。今不改，岂杨衒之亦不知作"明"之误而纠正之乎？卷四"阜财里内有开善寺"，周先生《校释》一六九页倒数三行作"凡见礼敬如此比"（编者注：此句在"追先寺"一条中，似为周振甫先生记错位置），注："原作'如亲比'。"礼敬"指萧衍敬元略，"此"亦指萧衍敬元略，则此语不成比。注以"此"为"亲"，始可以相比。则原可以相比的，改成不成比了。卷四永明寺，周先生

《校释》一七六页五行"景皓者,河州刺史陈留庄王祚之子",这里讲"陈留王祚之子"就可以了,何以加一"庄"字?按《北史》卷十五《魏诸宗室传》:"初,建以子罪失爵,祚欲求本封。有司奏听祚袭公,其王爵不轻,共求更议,诏从之。"祚先失王爵,称公,所以称庄即庄公,后来又袭王爵,所以称"陈留庄王祚之子"。又卷五"王城西南五百里,有善持山"段,周先生《校释》二〇六页倒二行"时曼坻入山来归"。按当作"未归",故太子所生一男一女施与婆罗门为奴婢。曼坻为太子妻,使曼坻来归,必不肯将己生之一男一女施与婆罗门为奴婢,因此这"来"字似当作"未"字。

又卷三崇虚寺,周先生《校释》第一四一页作"崇虚寺,在城西",注称"本卷所记皆洛阳城南寺宇,此云城西不合,疑西字下脱南字"。后面的注说:"案汉之濯龙园近北宫,见《后汉书·百官志》注,当在城内。崇虚寺若在城外,则不得为汉之濯龙园故址。衒之所记盖误。"后面的注否定了前面的注,即作"在城西南"也不合。不如去掉"疑西字下脱南字",与后面的注释合。

又周祖谟先生于原序前序杨衒之传亦可引用,云:"案《历代三宝纪》卷九云:'《洛阳地伽蓝记》五卷,期城郡太守杨衒之撰。'《大唐内典录》卷四亦作'期城郡守'。又《续高僧传》卷一《菩提流支传》云:'期城郡守杨衒之撰《洛阳伽蓝记》五卷。'《法苑珠林》卷一百《传记篇·杂集部》云:'《洛阳地伽蓝记》一部五卷,元魏邺都期城郡守杨衒之撰。'……《广弘明集》卷六云:'阳衒之,北平人,元魏末为秘书监。见寺宇壮丽，损费金碧，王公相竞侵渔百姓，乃撰《洛阳伽蓝记》，言不恤众庶也。'据是可知衒之为北平人，其姓书作阳，又与《历代三宝纪》等及本书不合。"其仕履可知者有四：曰奉朝请，曰期城郡太守，曰抚军府司马，曰秘书监。后魏永安中，为奉朝请。庄帝马射于华林园，百官皆来苗茨堂读苗茨碑。衒之因释曰："以蒿覆之，故言苗茨。"众咸称善，以为得其旨归。时衒之为奉朝请，见本书卷一建春门条。后出为期城郡太守，见《历代三宝纪·伽蓝记》原序"至武定五年，岁在丁卯，余因行役，重览洛阳"，因撰《洛阳伽蓝记》，自称抚军府司马。元魏末年为秘书监，见《广弘明集》卷六。"又《广弘明集》复称衒之既撰此记，故上书述'释教虚诞，有为徒费，无执戈以卫国，有饥寒于色养，逃役之流，仆隶之类，避苦就乐，非修道者。又佛言有为虚妄，皆是妄想，道人深知佛理，故违虚其罪'。故又广引财事乞贷，贪积无厌。又云：'读佛经者，尊同帝王，写佛画师，全无恭敬。请沙门，等同孔老拜俗。班之国史，行多浮险者，乞立严敕，知其真伪。然后佛法可遵，师徒无滥；则逃兵之徒，还归本役，国富兵多，天下幸甚。'此鉴于当时佛教污秽杂乱，祸国殃民，故发崇有黜邪之论。《广弘明集》以其多排斥佛法之言，故列于《王臣滞惑篇》，然读衒之是书者，不可不知其言行也。惜其全文已佚，不可复观矣。"

目　录

洛阳伽蓝记序　　　　　　　　　　　　　　　　1

卷一　城内

永宁寺 …………………………………………… 15
建中寺 …………………………………………… 38
长秋寺 …………………………………………… 41
瑶光寺 …………………………………………… 43
景乐寺 …………………………………………… 46
昭仪尼寺 ………………………………………… 49
胡统寺 …………………………………………… 53
修梵寺 …………………………………………… 53
景林寺 …………………………………………… 55

卷二　城东

明悬尼寺 ………………………………………… 63
龙华寺 …………………………………………… 64
璎珞寺 …………………………………………… 68
宗圣寺 …………………………………………… 68

崇真寺 …………………………………………… 69

魏昌尼寺 ………………………………………… 73

景兴尼寺 ………………………………………… 74

庄严寺 …………………………………………… 80

秦太上君寺 ……………………………………… 81

正始寺 …………………………………………… 86

平等寺 …………………………………………… 92

景宁寺 …………………………………………… 102

卷三 城南

景明寺 …………………………………………… 113

大统寺 …………………………………………… 119

秦太上公寺 ……………………………………… 120

报德寺 …………………………………………… 123

正觉寺 …………………………………………… 125

龙华寺 …………………………………………… 129

菩提寺 …………………………………………… 137

高阳王寺 ………………………………………… 139

崇虚寺 …………………………………………… 144

卷四 城西

冲觉寺 …………………………………………… 145

宣忠寺 …………………………………………… 148

王典御寺 ………………………………………… 153

白马寺 …………………………………………… 153

宝光寺 …………………………………………… 156

法云寺	158
开善寺	167
追先寺	174
融觉寺	178
大觉寺	180
永明寺	181

卷五 城北

禅虚寺	187
凝玄寺	188
宋云惠生使西域	190
京师建制及郭外诸寺	225
附　录	227

洛阳伽蓝记序

魏抚军府司马杨衒之撰

《三坟》《五典》之说①,九流百氏之言②,并理在人区③,而义兼天外④。至于一乘二谛之原⑤,三明六通之旨⑥,西域备详⑦,东土靡记⑧。自项日感梦,满月流光⑨,阳门饰豪眉之象⑩,夜台图绀发之形⑪。逮来奔竞,其风遂广。至晋室永嘉⑫,唯有寺四十二所。逮皇魏受图⑬,光宅嵩洛⑭,笃信弥繁,法教愈盛。王侯贵臣,弃象马如脱屣⑮;庶士豪家,舍资财若遗迹。于是招提栉比⑯,宝塔骈罗,争写天上之姿⑰,竞摹山中之影⑱。金刹与灵台比高⑲,讲殿共阿房等壮⑳,岂直木衣绨绣,土被朱紫而已哉㉑!

【今译】

《三坟》《五典》的说法,众派诸子的语言,都是道理在人世,而意义兼及世外。至于佛说一乘、二谛的源头,三明、六通的宗旨,在西域完备详细,在东土没有记载。自从颈项上日光,感动梦境,圆满的月色,流布光彩,开阳门上装饰着秀眉的像,显节陵上画着青发的貌。从此奔走竞争,信佛的风气于是大盛。到晋朝永嘉年间，只有寺庙四十二座。到大魏接受河图，在嵩山洛水间定居，至诚信奉的更多，佛教越发兴盛。王侯贵臣，抛弃象和马像脱掉鞋子，习以为常；百姓豪家，舍弃资财像遗弃踪迹，毫不在意。因此庙宇像栉齿那样相并，宝塔相对罗列。寺庙争绘佛从天上下来的姿态，竞摹佛在庐山中的形影。庙宇同汉的陵云台比高，广阔的正殿同秦的阿房宫一样壮丽，岂止是木上披着绣衣、土上披着红紫罢了啊！

【注释】

①《三坟》：记伏羲、神农、黄帝的书。《五典》：记少昊、颛顼、高辛、尧、舜的书。

②九流：指九种学派，有儒家、道家、阴阳家、法家、名家、墨家、纵横家、杂家、农家各种流派。百氏：指诸子。

③人区：指人世。

④天外：指世外。

⑤一乘：佛教术语，指佛教如车乘，能载众生到涅槃岸，称一乘法。二谛：佛法分俗谛、真谛。对俗人说法用俗谛，如劝忠劝孝等。讲出世用真谛。

⑥三明：佛教称三明，指过去宿命明，未来天眼明，现在漏尽明。漏指放逸失道说。六通：指天眼通、天耳通、他心通、宿命通、神足通、漏尽通。

⑦西域：包括印度等地。讲一乘二谛，三明六通。

⑧东土：指中国。讲《三坟》、《五典》、诸子百家。

⑨项日：汉明帝梦见佛颈项有日光。见《牟子理惑论》。满

月:佛面如满月。见温子昇《大觉寺碑》:"颜如满月。"(《艺文类聚》七十七)

⑩阳门:开阳门。豪眉:长眉。指汉明帝于开阳门上作佛像。

⑪夜台:指显节陵。绀发:青色发,指佛,汉明帝生前于陵上图像佛。见《牟子理惑论》。

⑫永嘉:西晋怀帝年号(307—313)。

⑬皇魏:即大魏。受图:接受河图,比受天命。

⑭光宅:光大所居。嵩洛:嵩山、洛水,指北魏迁都洛阳。

⑮象马:象和马,指财产。

⑯昭提:招提,即寺庙。

⑰天上之姿:佛遣罗睺罗变形为佛,从空而见真容,于阗王即立寺舍,画佛像。见本书"宋云惠生使西域"条。

⑱山中之影:庐山法师摹写佛像,见本书"凝圆寺"条。

⑲金刹:幡柱,这里指寺庙。《法苑》云:"阿育王取金华金幡悬诸刹上。"灵台:即陵云台,为汉光武所筑,高六丈。见《水经·谷水注》。

⑳阿房:秦宫殿名,见《史记·秦始皇本纪》。

㉑木衣绨绣,土被朱紫:张衡《西京赋》:"木衣绨锦,土被朱紫。"薛综曰:"言皆采画如锦绣之文章也。"李善曰:"《说文》云:'绨,厚缯也。'"绨:音梯,厚的丝织品。

暨永熙多难,皇舆迁邺①。诸寺僧尼,亦与时徙。至武定五年,岁在丁卯②,余因行役③,重览洛阳。城郭崩毁,宫室倾覆，寺观灰烬，庙塔丘墟，墙被蒿艾，巷罗荆棘。野兽穴于荒阶，山鸟巢于庭树。游儿牧竖，踯躅于九逵④；农夫耕老，艺黍于双阙⑤。《麦秀》之感，非独殷墟⑥；《黍离》之悲，信哉周室⑦。京城表里，凡有一千余寺，今日寥廓，钟声罕闻。恐后世无传，故撰斯记。然寺数最多，不可遍写，今之所录，止大伽蓝⑧，其中小者，取其祥异，世谛俗事⑨，因而出之。先以城内为始，次及城外。表列门名，以记远近。凡为五篇。余才非著述，多有遗漏，后之君子，详其阙焉。

【今译】

到了魏孝武帝永熙年间，魏国多难，首都迁到邺地。寺院里的许多和尚、尼姑，也同时迁走。到了（东魏孝静帝）武定五年，丁卯年，我因公事差遣，重新回到洛阳，看到城郭都已倒塌毁坏，宫殿都已倾覆，寺观成灰，庙塔成为空地。墙头上长满蒿艾，巷子里长着荆棘。野兽在荒废的阶石上打洞居住，山鸟在院子里的树上做巢。游走的儿童和放牧的人，在大路上徘徊；农夫和耕种的老人，在宫门的双阙前的空地上种黍。到此有《麦秀》的感叹，不独是殷商宫殿成为废墟；《黍离》的悲歌，周朝的衰败感同身受。旧京内外，计有一千多寺庙，今天已空荡，钟声也听不见。我恐怕后世没有记录而得不到流传，所以撰写了这篇记。然而寺庙的数量非常多，不可能全都写到。现在所记录的，只是大庙，其中小的，如果有异样祥瑞、有特别的世事或佛教的事，就把它记出。先从城内开始，挨次到城外。分类排列门的名称，用来区别远近。计有五篇。我没有著述的才学，多有遗漏，只有等后来有才德的人，再详细补上它的阙漏。

【注释】

①暨：至。永熙：魏孝武帝年号，元年为532年。当时魏有尔朱世隆、高欢、宇文泰三种势力互相争斗，故称多难。在531年，尔朱世隆废魏孝庄帝，立魏节闵帝。532年，高欢大破尔朱天光于邺，至洛阳，杀尔朱氏之党，废节闵帝，立孝武帝。534年，孝武帝奔宇文泰，高欢立孝静帝，称东魏。宇文泰鸩杀孝武帝，另立文帝，称西魏。

②武定：孝静帝改元武定，为543年，这年三月，高欢、宇文泰战于洛阳，泰虽败退，但洛阳在战乱中遭到破坏。在537年，高欢进攻宇文泰，为泰所败。泰手下别将攻陷洛阳。洛阳经两次战争，至为残破。武定五年，岁在丁卯：这是547年，洛阳已极残破。

③行役：有事出行。

④九逵：《尔雅·释宫》："九达谓之逵。"指大路，到处可通的路。

⑤双阙：指宫门前成双的望楼。现在宫阙都毁了，所以门前空地可以种黍。

⑥《麦秀》：殷商的宫殿毁了，在上面种麦，所以作《麦秀》诗来感叹，见《史记·宋微子世家》。

⑦《黍离》：周朝大夫看到周朝宫殿毁了，上面种上黍子，因此

作了《黍离》诗。见《诗经·王风·黍离》小序。
⑧伽蓝：即佛寺。
⑨世谛俗事：即世事与佛教事。

太和十七年①，高祖迁都洛阳，诏司空公穆亮营造宫室。洛阳城门依魏晋旧名。

【今译】

北魏太和十七年，北魏高祖决定迁都洛阳，下诏命司空穆亮营造宫室，洛阳城门依照魏晋旧名。

【注释】

①太和：北魏孝文帝年号，太和十七年为493年。孝文帝后称高祖。他在十七年决定迁都洛阳，命令司空穆亮、尚书李冲、将作大匠董爵经始洛京。又命青州刺史刘芳、中书舍人常景，造洛阳宫殿门阙名。十九年开始迁都。

东面有三门：
北头第一门，曰建春门。

汉曰上东门，阮籍诗曰"步出上东门"是也①。魏晋曰建春门，高祖因而不改。

【今译】

洛阳东面有三道门：

北边第一道门叫建春门。

  汉朝叫上东门。阮籍诗中说的"步出上东门"的就是。魏晋叫建春门，高祖继续沿用而不改。

【注释】

①阮籍：（210—263）：字嗣宗，三国魏尉氏（今属河南开封市）人，做过步兵校尉。与嵇康等六人并称为"竹林七贤"。著有《咏怀诗》等，上句是《咏怀诗》中的句子。

次南曰东阳门。

  汉曰中东门。魏晋曰东阳门，高祖因而不改。

次南曰青阳门①。

  汉曰望京门。魏晋曰清明门，高祖改为青阳门。

【今译】

建春门南边的第二道门，叫东阳门。

  汉朝叫中东门。魏晋叫东阳门，高祖继续沿用而不改。

东阳门南边的第三道门叫青阳门。

  汉朝叫望京门。魏晋叫清明门，高祖改为青阳门。

【注释】

①青阳:《尔雅·释天》:"春为青阳。"《说文》云:"青,东方色也。""阳,高明也。"

南面有四门:

东头第一门曰开阳门。

初,汉光武迁都洛阳①,作此门始成,而未有名,忽夜中有柱自来在楼上。后琅琊郡开阳县上言南门一柱飞去②,使来视之,则是也。遂以"开阳"为名。自魏及晋因而不改,高祖亦然。

【今译】

洛阳南面有四道门:

东头第一道门叫开阳门。

当初,汉光武帝迁都城洛阳,建好这道门后没有定名,忽然夜间有柱子自己飞到楼上来。后来琅琊郡开阳县给朝廷上书说南门有一根柱子飞走了。于是朝廷让开阳县派人去看,的确就是开阳县的柱子。因此这道门就用"开阳"做名。从魏到晋因袭而不改,高祖也沿用下来。

【注释】

①汉光武(前6—57):刘秀,起兵于春陵,大破王莽军于昆阳,定河北,即帝位,定都洛阳,是为东汉。

②琅琊郡:即今山东诸城县,治所为开阳县。

次西曰平昌门。

　　汉曰平门。魏晋曰平昌门,高祖因而不改。

次西曰宣阳门。

　　汉曰小苑门。魏晋曰宣阳门,高祖因而不改。

次西曰津阳门。

　　汉曰津门。魏晋曰津阳门,高祖因而不改。

【今译】

开阳门西边的第二道门叫平昌门。

　　汉朝叫平门。魏晋叫平昌门,高祖继续沿用而不改。

平昌门西边的第三道门叫宣阳门。

　　汉朝叫小苑门。魏晋叫宣阳门,高祖继续沿用而不改。

宣阳门西边的第四道门叫津阳门。

　　汉朝叫津门。魏晋叫津阳门,高祖继续沿用而不改。

西面有四门:

南头第一门,曰西明门。

　　汉曰广阳门,魏晋因而不改,高祖改为西明门。

次北曰西阳门。

汉曰雍门，魏晋曰西明门，高祖改为西阳门。

次北曰阊阖门。

汉曰上西门。上有铜璇玑玉衡，以齐七政①。魏晋曰阊阖门，高祖因而不改。

【今译】

洛阳西边有四道门：

南边第一道门叫西明门。

　　汉朝叫广阳门，魏晋继续沿用而不改。高祖改为西明门。

西明门北边的第二道门，叫西阳门。

　　汉朝叫雍门，魏晋叫西明门，高祖改为西阳门。

西阳门北边的第三道门，叫阊阖门。

　　汉朝叫上西门。上面有铜的浑天仪，用来观测日月五星转到的度数是否整齐。魏晋叫阊阖门，高祖继续沿用而不改。

【注释】

①铜璇玑玉衡，以齐七政：铜制的浑天仪，用来观测日月五星（指金、木、水、火、土五星）的度数是否整齐。

次北曰承明门。

承明者，高祖所立，当金墉城前东西大道①。迁京之始，宫阙未就，高祖住在金墉城。城西有王南寺，高祖数诣寺[与]沙门论议,故通此门,而未有名,世人谓之"新门",时王公卿士常迎驾于新门。高祖谓御史中尉李彪曰②:"曹植诗云:'谒帝承明庐。'③此门宜以'承明'为称。"遂名之。

【今译】

阊阖门北边的第四道门叫承明门。

承明门,是高祖所建造的。这道门正对金墉城前的东西大路。迁京开始时,宫殿和双阙还没有建成,高祖住在金墉城里。城的西面有王南寺,高祖数次到寺里去同和尚讨论佛义,所以开通了这道门,却没有定名,世人叫它新门。王公卿士经常在新门迎接高祖,高祖对御史中尉李彪说:"曹植诗说:'谒帝承明庐。'这扇门应该称为'承明'。"于是就给这门命名为承明门。

【注释】

①金墉城:魏明帝建造,在洛阳西北角。
②李彪:字道固,卫国(今山东观城县西)人。北魏孝文帝时迁秘书丞。
③曹植(192—232):字子建,曹操第三子。兄曹丕做了皇帝,很妒忌他。"谒帝承明庐"是曹植《赠白马王彪》首句,已有承明之名,是当时已有承明门,则承明之称,亦非始于高祖时了。

北面有二门:

西头曰大夏门。

汉曰夏门。魏晋曰大夏门,〔高祖因而不改。〕宣武帝造三层楼①,去地二十丈。洛阳城门楼皆两重,去地百尺,唯大夏门甍栋干云②。

【今译】

洛阳北面有两道门:

西边的叫大夏门。

汉朝叫夏门。魏晋叫大夏门,〔高祖继续沿用而不改。〕宣武帝建造了三层楼,距地面二十丈。洛阳城门楼都是两层,距地面百尺,只有大夏门屋栋高入云际。

【注释】

①宣武帝:北魏孝文帝的第二子,名恪。爱经史,长释氏义,宽以待下。在位十六年崩,谥宣武,庙号世宗。
②甍:屋脊。

东头曰广莫门。

汉曰谷门。魏晋曰广莫门,高祖因而不改。自广莫门以西,至于大夏门,宫观相连,被诸城上也。

【今译】

最东边的叫广莫门。

汉朝叫谷门。魏晋叫广莫门,高祖继续沿用而不改。自广莫门以西,到大夏门,宫观相互连接,一直沿续到城头上。

门有三道[①],所谓九轨[②]。

【今译】

洛阳城门各有三条路,就是所说的九轨。

【注释】

①三道:城门进去分三条路,中间是皇帝走的路,两旁分左右道,左入右出。三条路用土墙分开,土墙高四尺。

②九轨:九指多数,轨指车走的路,并不是有九条路,只是三条路。

洛阳伽蓝记卷第一
城内

〇永宁寺,熙平元年灵太后胡氏所立也,在宫前阊阖门南一里御道西。

其寺东有太尉府,西对永康里,南界昭玄曹,北邻御史台。阊阖门前御道东有左卫府,府南有司徒府。司徒府南有国子学,堂内有孔丘像,颜渊问仁、子路问政在侧。国子学南有宗正寺,寺南有太庙,庙南有护军府,府南有衣冠里。御道西有右卫府,府南有太尉府,府南有将作曹,曹南有九级府,府南有太社,社南有凌阴里,即四朝时藏冰处也。

中有九层浮图一所,架木为之,举高九十丈。上有金刹,复高十丈,合去地一千尺。去京师百里,已遥见之。初掘基至黄泉下,得金像三十躯,太后以为信法之征,是以营建过度也。刹上有金宝瓶,容二十五斛。宝瓶下有承露金盘一十一重,周匝皆垂金铎。复有铁锁四道,引刹向浮图四角,锁上亦有金铎。铎大小如一石瓮子。浮图有九级,角角皆悬金铎,合上下有一百三十铎。浮图有四面,面有三户六窗,户皆朱漆。扉上有五行金铃,合有五千四百枚。复有金环铺首,殚土木之功,穷造形之巧,佛事精妙,不可思议。绣柱金铺,骇人心目。至于高风永夜,宝铎和鸣,铿锵之声,闻及十余里。

浮图北有佛殿一所,形如太极殿。中有丈八金像一躯,中长金像十躯,绣珠像三躯,金织成像五躯,玉像二躯。作工奇巧,冠于当世。僧房楼观,一千余间,雕梁粉壁,青璅绮疏,难得而言。栝柏椿松,扶疏檐溜,丛竹香草,布护阶墀。

是以常景碑云:"须弥宝殿,兜率净宫,莫尚于斯也。"外国所献经像,皆在此寺。寺院墙皆施短椽,以瓦覆之,若今宫墙也。四面各开一门。南门楼三重,通三阁道,去地二十丈,形制似今端门。图以云气,画彩仙灵,列钱青璅,赫奕华丽。拱门有四力士、四狮子,饰以金银,加之珠玉,庄严焕炳,世所未闻。东西两门亦皆如之,所可异者,唯楼两重。北门一道,上不施屋,似乌头门。其四门外,皆树以青槐,亘以绿水,京邑行人,多庇其下。路断飞尘,不由渰云之润;清风送凉,岂借合欢之发?

诏中书舍人常景为寺碑文。

景字永昌,河内人也。敏学博通,知名海内。太和十九年,为高祖所器,拔为律博士,刑法疑狱,多访于景。正始初,诏刊律令,永作通式,敕景共治书侍御史高僧裕、羽林监王元龟、尚书郎祖莹、员外散骑侍郎李琰之等,撰集其事。又诏太师彭城王勰、青州刺史刘芳入预其议。景讨正科条，商榷古今，甚有伦序，见行于世，今律二十篇是也。又共芳造洛阳宫殿门阁之名，经途里邑之号。出除长安令，时人比之潘岳。其后历位中书舍人、黄门侍郎、秘书监、幽州刺史、仪同三司。学徒以为荣焉。景入参近侍，出为侯牧，居室贫俭，事等农家，唯有经史，盈车满架。所著文集数百余篇，给事中封晔伯作序行于世。

装饰毕功，明帝与太后共登之。视宫内如掌中，临京师若家庭。以其目见宫中，禁人不听升之。

衒之尝与河南尹胡孝世共登之，下临云雨，信哉不虚！
时有西域沙门菩提达摩者，波斯国胡人也。起自荒裔，来游中土，见金盘炫日，光照云表，宝铎含风，响出天外；歌咏赞叹，实是神功。自云：年一百五十岁，历涉诸国，靡不周遍，而此寺精丽，阎浮所无也。极佛境界，亦未有此。口唱"南无"，合掌连日。

至孝昌二年中，大风发屋拔树。刹上宝瓶，随风而落，入地丈余。复命工匠更铸新瓶。

建义元年，太原王尔朱荣总士马于此寺。

荣字天宝，北地秀容人也。世为第一领民酋长，博陵郡公。部落八千余，家有马数万匹，富等天府。武泰元年二月中帝崩，无子，立临洮王世子钊以绍大业，年三岁，太后贪秉朝政，故以立之。荣谓并州刺史元天穆曰："皇帝晏驾，春秋十九，海内士庶，犹曰幼君。况今奉未言之儿，以临天下，而望升平，其可得乎？吾世荷国恩，不能坐看成败，今欲以铁马五千，赴哀山陵，兼问侍臣帝崩之由，君竟谓何如？"穆曰："明公世跨并肆，雄才杰出，部落之民，控弦一万。若能行废立之事，伊霍复见于今日。"荣即共穆结异姓兄弟。穆年大，荣兄事之。荣为盟主，穆亦拜荣。于是密议长君诸王之中不知谁应当璧。遂于晋阳，人各铸像不成，唯长乐王子攸像光相具足，端严特妙。是以荣意在长乐。遣苍头王丰入洛，约以为主。长乐即许之，共克期契。荣三军皓素，扬旌南出。太后闻荣举兵，召王公议之。时胡氏专宠，皇宗怨望，入议者莫肯致言。唯黄门侍郎徐纥曰："尔朱荣马邑小胡，人才凡鄙，不度德量力，长戟指阙，所谓穷辙拒轮，积薪候燎！今宿卫文武，足得一战，但守河桥，观其意趣；荣悬军千里，兵老师弊，以逸待劳，破之必矣。"后然纥言，即遣都督李神轨、郑季明等，领众五千，镇河桥。四月十一日，荣过河内，至高头驿。长乐王从雷陂北渡，赴荣军所。神轨、季明等见长乐王往，遂开门降。十二日，荣军于芒山之北，河阴之野。十三日召百官赴驾，至者尽诛之，王公卿士及诸朝臣死者二千余人。十四日车驾入城，大赦天下，改号为建义元年，是为庄帝。于时新经大兵，人物歼尽，流迸之徒，惊骇未出。庄帝肇升太极，解网垂仁，唯散骑常侍山伟一人拜恩南阙。加荣使持节中外诸军事大将军、开府北道大行台、都督十州诸军事大将军、领左右、太原王。其天穆为侍中、太尉公、世袭并州刺史、上党王。起家为公卿牧守者，不可胜数。二十日洛中草草，犹自不安。死生相怨，人怀异虑。贵室豪家，弃宅竞窜；贫夫贱士，襁负争逃。于是出诏，滥死者，普加褒赠。三品以上，赠三公。五品以上，赠令仆。七品以上，赠州牧。白民赠郡镇。于是稍安。帝纳荣女为皇后。进荣为柱国大将军、录尚书事，余官如故。进天穆为大将军，余官皆如故。

永安二年五月，北海王元颢复入洛，在此寺聚兵。

颢，庄帝从兄也。孝昌末镇汲郡。闻尔朱荣入洛阳，遂南奔萧衍。是年入洛，庄帝北巡。颢登皇帝位，改年曰建武元年。颢与庄帝书曰："大道既隐，天下匪公。祸福不追，与能义绝。朕犹庶几五帝，无取六军。正以糠秕万乘，锱铢大宝，非贪皇帝之尊，岂图六合之富？直以尔朱荣往岁入洛，顺而勤王，终为魏贼。逆刃加于君亲，锋镝肆于卿宰。元氏少长，殆欲无遗。已有陈恒盗齐之心，非无六卿分晋之计。但以四海横流，欲篡未可；暂树君臣，假相拜置。害卿兄弟，独夫介立。遵养待时，臣节讵久？朕睹此心寒，远投江表，泣请梁朝，誓在复耻。风行建业，电赴三川，正欲问罪于尔朱，出卿于桎梏；恤深怨于骨肉，解苍生于倒悬。谓卿明眸击节，躬来见我，共叙哀辛，同讨凶羯。不意驾入成皋，便尔北渡。虽迫于凶手，势不自由；或贰生素怀，弃剑猜我。闻之永叹，抚衿而失。何者？朕之于卿，兄弟非远。连枝分叶，兴灭相依。假有内阋，外犹御侮，况我与卿，睦厚偏笃，其于急难，凡今莫如。弃亲即仇，义将焉据也？且尔朱荣不臣之迹，暴于旁午。谋魏社稷，愚智同见。卿乃明白，疑于必然，托命豺狼，委身虎口，弃亲助贼，兄弟寻戈。假获民地，本是荣物；若克城邑，绝非卿有。徒危宗国，以广寇仇。快贼莽之心，假卞庄之利。有识之士，咸为惭之。今家国隆替，在卿与我，若天道助顺，誓兹义举，则皇魏宗社，与运无穷。傥天不厌乱，胡羯未殄，鸱鸣狼噬，荐食河北，在荣为福，于卿为祸，岂伊异人？尺书通意，卿宜三复。义利是图，富贵可保，徇人非虑，终不食言，自相鱼肉。善择元吉，勿贻后悔。"此黄门郎祖莹之词也。时帝在长子城，太原王、上党王来赴急难。六月，帝围河内，太守元桃汤、车骑将军宗正珍孙等为颙守，攻之弗克。时暑炎赫，将士疲劳，太原王欲使帝幸晋阳，至秋更举大义，未决。召刘助筮之,助曰:"必克。"于是至明尽力攻之,如其言。桃汤、珍孙并斩首,以殉三军。颢闻河内不守,亲率百僚出镇河桥,特迁侍中安丰王延明往守硖石。七月,帝至河阳,与颢隔河相望。太原王命车骑将军尔朱兆潜师渡河,破延明于硖石。颢闻延明败,亦散走。所将江淮子弟五千人,莫不解甲相泣,握手成别。颢与数十骑欲奔萧衍,至长社,为社民斩其首,传送京师。二十日,帝还洛阳,进太原王天柱大将军,余官亦如故;进上党王太宰,余官亦如故。

永安三年,逆贼尔朱兆囚庄帝于寺。

时太原王位极心骄,功高意侈,与夺任情,臧否肆意。帝怒谓左右曰:"朕宁作高贵乡公死,不作汉献帝生!"九月二十五日,诈言产太子,荣、穆并入朝,庄帝手刃荣于明光殿,穆为伏兵鲁遑所杀,荣世子部落大人亦死焉。荣部下车骑将军尔朱阳都等二十人,随入东华门,亦为伏兵所杀。唯右仆射尔朱世隆素在家,闻荣死,总荣部曲,烧西阳门,奔河桥。至十月一日,隆与荣妻北乡郡长公主至芒山冯王寺为荣追福荐斋,即遣尔朱侯讨伐、尔朱那律归等,领胡骑一千,皆白服来至郭下,索太原王尸丧。帝升大夏门望之,遣主书牛法尚谓归等曰:"太原王立功不终,阴图衅逆,王法无亲,已依正刑,罪止荣身,余皆不问。卿等何为不降？官爵如故。"归曰："臣从太原王来朝陛下，何忽今日枉致无理？臣欲还晋阳，不忍空去，愿得太原王尸丧，生死无恨。"发言雨泪，哀不自胜。群胡恸哭，声振京师。帝闻之，亦为伤怀。遣侍中朱元龙赍铁券与世隆，待之不死，官位如故。世隆谓元龙曰："太原王功格天地，道济生民，赤心奉国，神明所知。长乐不顾信誓，枉害忠良，今日两行铁字，何足可信？吾为太原王报仇，终不归降！"元龙见世隆呼帝为长乐，知其不款，且以言帝。帝即出库物置城西门外，募敢死之士，以讨世隆，一日即得万人。与归等战于郭外，凶势不摧。归等屡涉戎场，便利击刺；京师士众未习军旅，虽皆义勇，力不从心。三日频战，而游魂不息。帝更募人断河桥。有汉中人李苗为水军，从上流放火烧桥。世隆见桥被焚，遂大剽生民，北上太行。帝遣侍中源子恭、黄门郎杨宽，领步骑三万，镇河内。世隆至高都，立太原太守长广王晔为主，改号曰建明元年。尔朱氏自封王者八人。长广王都晋阳，遣颍川王尔朱兆举兵向京师，子恭军失利，兆自雷陂涉渡，擒庄帝于式乾殿。帝初以黄河奔急，谓兆未得猝济，不意兆不由舟楫，凭流而渡。是日水浅，不及马腹，故及此难。书契所记，未之有也。衔之曰："昔光武受命，冰桥凝于滹水；昭烈中起，的卢踊于泥沟，皆理合于天，神祇所福，故能功济宇宙，大庇生民。若兆者，蜂目豺声，行穷枭獍，阻兵安忍，贼害君亲，皇灵有知，鉴其凶德！反使孟津由膝，赞其逆心。《易》称天道祸淫，鬼神福谦，以此验之，信为虚说。"时兆营军尚书省，建天子金鼓，庭设漏刻，嫔御妃主，皆拥之于幕。锁帝于寺门楼上。时十二月，帝患寒，随兆乞头巾，兆不与，遂囚帝送晋阳，缢于三级寺。帝临崩礼佛，愿不为国王。又作五言曰："权去生道促，忧来死路长。怀恨出国门，含悲入鬼乡。隧门一时闭，幽庭岂复光？思鸟吟青松，哀风吹白杨。昔来闻死苦，何言身自当。"至太昌元年冬，始迎梓宫赴京师，葬帝靖陵。所作五言诗即为挽歌词。朝野闻之，莫不悲恸，百姓观者，悉皆掩涕而已。

永熙三年二月，浮图为火所烧，帝登凌云台望火，遣南阳王宝炬、录尚书长孙稚，将羽林一千救赴火所，莫不悲惜，垂泪而去。火初从第八级中平旦大发，当时雷雨晦冥，杂下霰雪，百姓道俗，咸来观火，悲哀之声，振动京邑。时有三比丘，赴火而死。火经三月不灭。有火入地寻柱，周年犹有烟气。

其年五月中，有人从东莱郡来云："见浮图于海中，光明照耀，俨然如新，海上之民，咸皆见之。俄然雾起，浮图遂隐。"至七月中，平阳王为侍中斛斯椿所挟，奔于长安。十月而京师迁邺。

【今译】

永宁寺,是熙平元年灵太后胡氏所建造的,在皇宫前阊阖门南一里的御路西南。

  这座庙的东面有太尉府,西对永康里(是高官住处),南面与昭玄曹(管僧尼署)相邻,北面靠着御史台(纠察官署)。阊阖门前御路东有左卫府(左卫将军署),府南有司徒府(管教育署)。司徒府南有国子学(大学),堂内有孔丘像,颜渊问仁、子路问政的塑像(或壁画)在旁边。国子学南有宗正寺(管皇族署),寺南有太庙(皇家的祖庙),庙南有护军府(保护皇家的军署),府南有衣冠里(管当时的衣冠)。御道西有右卫府(右卫将军署),府南有太府寺(管财物库藏署),府南有将作曹(管建作署),曹南有九级府,府南有太社(管祭社神的),社南有凌阴里,即西朝(西晋)藏冰处。

中间有九层宝塔一座,架起木料做的,通高九十丈。宝塔之上又有描金饰的幡柱,又高十丈,两处合计距地面一千尺。距离京城一百里,就可以远远地看见它。当初,掘地基到深处,得到金像三十尊,胡太后认为是笃信佛法带来的祥瑞征兆,因此永宁寺得以修建得超过规制。幡柱上有金宝瓶,可以容纳二十五斛。金宝瓶下有承露金盘十一重,周围都挂有大金铃。又有铁锁四道,引向幡柱和宝塔的四角。锁上也有金铃。金铃的大小像石瓮。宝塔有九层,每个角都挂有金铃,从上到下合计有一百三十个。宝塔有四面，一面有三门六窗，门都涂着红漆。门上各有五行金铃，合计有五千四百枚。又有金环金钉，整个建筑使尽土木的功用，穷极造型的技巧，这座佛教建筑的精妙，真是不可思议。绣饰的柱子，金饰的门面，令人惊讶。至于高风长夜，金铃和鸣，铿锵的声音，十多里外都能听到。宝塔北面有佛殿一处，形制像太极殿（太极殿是宫内的正殿，宣武帝景明三年造）。里面有丈八金像一尊，中等长度的金像十尊，绣珠像三尊，金线织成像五尊，玉雕像二尊。其做工奇特巧妙，是当代称首的。寺中有僧房楼观一千多间，雕刻梁柱，粉涂壁上，门有青画，窗有绮文，很难用语言描绘它。桧柏椿松，枝叶覆盖檐顶，丛竹香草，分散布满阶石。

  因此常景碑说："须弥山上的宝殿，兜率天上的净宫，没有胜过这里的。"（须弥山，指天竺的宝山。兜率，即兜率天。佛教认为天分六层，第四层叫兜率天。这里指天宫。）

外国所献经像，都在这座寺内。寺的院墙都加了短的椽子，用瓦盖上，像现在的宫墙一样。四面各自开一扇门。南门楼三层，通过三条甬道，离开地面二十丈（当指最上的甬道）。形制像现在的正门（当指最下的甬道）。门楼上画着云气，再画彩色的仙人（应当是画在门上）。门上再装上金钉和青色的门锁（列钱指金钉，装在门上），光明显赫而华丽（赫奕，指光明显赫）。拱卫大门的有四个力士、四只狮子（都指塑像），用金银装饰，镶嵌珠玉，庄严光彩，世所罕见。东西两门也都是这样，所不同的是楼只造两层。北门一路，上面不加屋，像乌头门（乌头门，门前有两个华表，门有两扇，像华表那样长，一分为二）。四门以外，都种植着青槐，环绕着绿水。京城里的行人，都得到树荫的荫蔽。路上没有飞起的尘土，不是因为雨云的润湿；清风送来凉意，哪里是靠团扇的扇动？

胡太后下诏，命令中书舍人常景作寺院碑文。

常景字永昌，河内（今河南沁阳县）人，勤勉好学，通晓各种知识，全国有名。太和十九年，常景为高祖所看重，被选拔做律学博士，刑法和狱案方面有疑问，皇帝往往会向常景询问。世宗正始初年，皇帝下诏刊定律令，作为永远通用的法式。先是命令常景同治书侍御史高僧裕（高绰，字僧裕，渤海〔今山东宾县〕人，博通经史）、羽林监王元龟（不详）、尚书郎祖莹（字元珍，范阳遒〔今河北定兴县南〕人，文学杰出）、员外散骑侍郎李琰之（字景珍，狄道〔今属甘肃省〕人，极有名）编著为书，又诏太师彭城王元勰（字彦和，太和时封彭城王，世宗即位后，进为太师）、青州刺史刘芳（字伯文，彭城〔今江苏徐州〕人，精于经义）参与讨论。常景讨正条理，商酌古今，很有次序，律令通行于世，就是现在的二十篇法律。他又和刘芳一起为洛阳的宫殿门阁、道路和里邑定名。常景出朝做长安令，当时的人把他比作潘岳（潘岳字安仁，晋朝中牟〔今属河南省〕人，做过长安令。晋人认为潘岳的才名可以和陆机并列，即所谓"陆才如海，潘才如江"）。他后来做过中书舍人、黄门侍郎、秘书监、幽州刺史、仪同三司。从师受业的人都以为荣耀。常景入朝在皇帝身边侍候，到地方做地方官，都生活贫俭，过得像农家一样，只有经史书籍满车满架。所著文集有数百篇，给事中封昕伯为之作序，在世上通行（昕伯，《魏书》作伟伯，字君良，蓨〔今河北景县〕人。通经术。后萧宝夤作乱，昕伯谋兴义兵，事发被杀）。

永宁寺装饰完毕，明帝同胡太后一起登临观赏。看宫内事物如同在手掌内，看京城像家中庭院，但因为能看见宫内，所以限制人登塔。

我曾经同河南尹胡孝世共同登塔。云雨如同在脚下一般，确实不是虚言啊！

当时有个西域和尚菩提达摩，是波斯国的胡人。他出身于荒远的氏族，长途跋涉来到中国。他看见金盘在日光里闪耀，光彩照到云上，珍贵的金铃在风中晃动，发出的声音响彻天上。菩提达摩不禁歌唱赞美，说这实在是神明之功啊。他说，自己已有一百五十岁，经历了许多国家，没有未曾游历的，但这寺的精美，是印度所没有的，极尽佛的领域，也没有这样的。他口里唱着南无，合掌赞美不停。

到孝昌二年（肃宗年号，526年）中，大风来袭，屋顶被掀落，树也被连根拔起，永宁寺塔上的宝瓶也被风吹落，入地丈余。于是，皇帝命令工匠铸造新的宝瓶修缮。

建义元年（魏敬宗孝庄帝年号，四月改元。为528年），太原王尔朱荣总领兵马驻扎在这座寺里。

尔朱荣字天宝，北地秀容（今山西忻州西北）人。世代做第一领民酋长，博陵郡（今河北安平县）公。部落有八千多，家有一万多匹马，富裕得如同天府之国（指聚集财富非常多）。武泰元年（魏肃宗明帝年号，正月改元，为528年），二月里皇帝死了（为胡太后鸩死），因为他没有儿子，于是胡太后立临洮王世子，即三岁的元钊来继承大业。胡太后贪图执掌朝廷政事，所以才立他。尔朱荣对并州刺史元天穆说："明帝驾崩时，年仅十九岁，国内的士民还说他是幼君。现在竟然奉立还不会说话的孩子，让他君临天下而希望太平，怎么可能得到？我家几代接受国家的恩典，不能坐看国家败落。现在我要带五千铁骑，去明帝陵墓前哀悼，并问问侍臣皇帝死去的原因，你说怎么样？"元天穆说："明公代代占有并州、肆州（指山西太原和忻州），雄才杰出，部落中的百姓，能拉弓的有一万人。倘若您能主持废立的事情，就是伊尹、霍光（伊尹，商朝大臣，商汤孙太甲继位，荒淫失度，伊尹把他放逐到桐宫。三年后太甲改过，方迎还复位。霍光，西汉昭帝时为大将军。昭帝死，无后，拥立昌邑王刘贺。刘贺继位失德，霍光废黜了他，改立宣帝）再现于今日了。"于是尔朱荣就同元天穆结成异姓兄弟。元天穆年纪大，尔朱荣把他当兄长。尔朱荣做盟主，元天穆也参拜他。两人秘密商议诸王中谁可以做主君。于是他们按照鲜卑人的习俗，在晋阳为诸王一一铸像，别人都没有成功，只有长乐王元子攸的铸像容貌如生，端庄威严殊胜他人。因此尔朱荣意在长乐王。他派苍头王丰到洛阳，约定举长乐王为君主。长乐王立即应允，共同订立了誓约。尔朱荣带三军穿了素服，扬起旗子向南出发。胡太后听说尔朱荣起兵，立即召集王公前来商议。当时胡氏一族专宠，皇族怨怼，来议事的没有人肯发言。只有黄门侍郎徐纥（纥字武伯，博昌〔今山东博兴县南〕人。好学有名，高祖拔为主书，世宗用为中书舍人。胡太后执政，迁给事黄门侍郎。尔朱荣将入洛，纥乃南奔萧梁）说："尔朱荣是马邑（今山西朔州）小胡，人才凡鄙，不度量德行和力量，竟然带兵逼宫，无异于穷辙拒轮，积薪候燎，是自不量力！现在保卫皇宫的文臣，可以一战，只要守住河桥，观察对方意趣；尔朱荣孤军深入千里之遥，士兵困乏，我方以逸待劳，一定可以击破敌军。"胡太后认为胡纥说得对，随即派都督李神轨、郑季明等（李神轨，顿丘〔今河南浚县〕人，为胡太后宠爱。后迎长乐王，为荣所杀。郑季明，开封人。在河阴候长乐王，为荣所杀）率兵五千，镇守河桥。四月十一日，尔朱荣过河内（今河南沁阳），到达高头驿。长乐王元子攸从雷陂北渡，抵达尔朱荣军营内。李神轨、郑季明等见长乐王投奔了尔朱荣，于是开门投降。十二日，尔朱荣率军驻扎在芒山的北面、河阴（今河南孟津县东）的郊外。十三日，尔朱荣召百官接驾，到了都被杀害，王公卿士被害的有两千多人。（荣听费穆说，天下乘机可取，乃引迎驾百官到河阴西北三里，派胡骑四面围攻，杀了两千多人，又迁帝于河桥，沉胡太后及少主于河。铸金为己像，数日不成，乃迎庄帝。）十四日，皇帝驾车入城，大赦天下，改年号为建义元年，这就是庄帝。当时刚经过大兵祸，有德有才的人被杀完了，流散出去的人都受了惊吓不敢出来。庄帝临朝，颁布大赦，广布仁慈，然而只有散骑常侍山伟（山伟字仲才，洛阳人）一人在南阙拜受恩典。庄帝加封尔朱荣为使持节中外诸军事大将军、开府北道大行台、都督十州诸军事大将军、领左右、太原王,加封元天穆为侍中、太尉公、世袭并州刺史、上党王。家人被起用为公卿、牧守的不可胜数。二十日,洛阳人心浮动,还不安定。因为死活相怨,人人各怀着异心疑虑。贵族豪门,抛弃了屋子争相逃窜;贫夫贱士,背了孩子争着逃跑。因此,皇帝下诏,滥死的,都加以抚慰追赠:三品以上的,追赠三公;五品以上的,追赠尚书令、太仆;七品以上的,赠一州的地方官;白民赠一郡一镇长官。于是人心才稍稍安定下来。庄帝娶了尔朱荣的女儿做皇后,进封尔朱荣为柱国大将军、录尚书事,其他的官职照旧;又进封元天穆为大将军,其他的官职照旧。

永安二年(魏敬宗孝庄帝年号,二年为529年)五月,北海王元颢再次到洛阳,在这座寺里集结军队。

元颢(颢,字子明,北海王详的儿子)是庄帝的堂兄,孝昌(魏肃宗年号)末统领汲郡(今河南卫辉)。他听说尔朱荣进入洛阳,于是到南朝投奔了萧衍(衍以颢为魏王)。他进驻洛阳的这年,庄帝北逃。元颢登上帝位,改年号为建武元年。为此,元颢给庄帝写信说:"大道已经隐去,天下失去公正,祸福也不可追寻,贤能的人被废不用。但我还是追慕五帝(指黄帝、颛顼、帝喾、帝尧、帝舜),不想动用六军(古时候天子六军,每军一万二千五百人。不取六军,指不用兵力夺取帝位)。正是我因为把天子看作糠和不熟的谷,把帝位看得像黍子那样轻,不是贪皇帝的尊贵,难道会是图谋天下的财富?实在是因为尔朱荣之前进入洛阳,说是勤王，最终却成为魏国逆贼。逆贼的刀指向君主的亲族，箭锋射向官员。元氏不论年少年长，几乎没有遗族留存。他已有陈恒篡夺齐国的野心（战国时齐国的大官陈恒曾密谋篡夺齐国），也不是没有六卿瓜分晋国（春秋时晋国有韩、魏、赵、范氏、中行氏、智氏，称六卿，后范氏、中行氏、智氏被灭，只有三家分晋）的计划。但因为四海横流，天下大乱，他想篡位还不行，所以暂时与您确定君臣关系，对您称臣。他害死您的兄弟（指尔朱荣杀死庄帝兄无上王元劭、弟始平王元子正），使您孤立无援。尔朱荣暂时隐忍，是在等待时机，称臣之时岂能长久？我见此心寒，所以远投江南，向梁朝请求援助，发誓要洗清这耻辱（颢与子冠受投奔梁王萧衍，颢见衍泣泪自陈，衍遂以颢为魏王，借给他兵将，令他北上）。我像风一样抵达南京（建业即南京），又像闪电一样回到三川（指黄河、洛川、伊川）。我正要向尔朱荣问罪，把您从桎梏中救出，体恤骨肉的深怨，解救百姓于困境。我以为您会大加赞赏，亲来见我，共同叙说哀痛艰辛，共同讨伐凶恶的羯（羯：五胡的一支。石勒是羯人，居于山西，尔朱荣也居山西，所以称他为羯）贼。没想到我才到成皋（在河南汜水县西北），您便北渡而去。虽然您是受凶手的胁迫，形势不能自已，但也可能心怀二心，弃掉与羯斗的剑，转而猜忌我。我听了长叹，抚摩衿怀而有所失。为什么？我与您是兄弟不是远亲，好比枝连叶分，兴亡都相互依靠。即使有内部的嫌隙，但对待外来的侵侮时，还是要共同抵御的；况且我和您，亲睦交好，情义深厚，对于急难，兄弟之间，急需互相救助，现在的人里没有比我们之间更亲近的了。倘若抛弃亲人，接近仇敌，道义根据何在呢？况且尔朱荣不愿做臣子的迹象，暴露于天下。图谋大魏的社稷，不论愚者智者都能看见。您明明是把疑心当作必然，疑心是否必定这样，把性命托给豺狼，把身子放进老虎嘴里，抛弃亲人，帮助贼人，兄弟相争。假定得到了人民和土地，那也是尔朱荣的东西；假使攻克城池，也绝对不是归您所有的。徒然危害魏国，用来扩大仇人的势力，使得贼莽（莽指王莽，比尔朱荣）之心称快，给卞庄子（卞庄子等两虎食牛而争，一死一伤，刺伤虎，刺一得二）获利的机会。有识的士人，都为此感到惭愧。现在国家的兴旺与废弃，在于您和我。倘若天道相助，万事顺利，我们发誓一起进行这次正义的举动，那大魏的宗庙和社稷，就会同天命一样无穷。倘若天不厌恶祸乱，羯胡没有灭亡，像鸱鸟叫，像狼撕咬，屡次侵吞河北之地，那么在尔朱荣是福，在您是祸。这封信说的意思，您应当再三考虑。如您考虑的是正义和利益，则富贵可以保持，但屈从别人是不足考虑的，我绝不食言而自己人互相残害。希望您选择对的做法，不要将来留下后悔。"这是黄门郎祖莹（祖莹，字元珍，范阳〔今河北定兴县〕人。元颢入洛，以莹为殿中尚书。庄帝还宫，莹免官，后作秘书监）写的。当时庄帝在长子城，太原王、上党王来到庄帝处救他。六月，庄帝围攻河内。太守元桃汤、车骑将军宗正珍孙等为元颢守城。庄帝攻城，不能攻下。这时暑天炎热，将士疲劳，太原王尔朱荣想让庄帝到晋阳，到秋天再发起进攻。但还决定不下来，就召刘助来占卜（刘助，《魏书》作刘灵助，是燕郡〔今北京大兴县西南〕人。刘讲占卜，为尔朱荣所信）。刘助说："一定能攻克。"于是军队到天亮时尽力攻城，结果真的像他说的那样，把城攻下来了。元桃汤、宗正珍孙都被斩首，号令三军。元颢听说河内失守，亲自领百官镇守河桥，特地升侍中元延明（延明，是安丰王元猛的儿子。庄帝时，做到尚书令大司马）为安丰王，去守硖石（硖石，在河南孟津县西二十里，是黄河渡口）。七月，庄帝到河阳，与元颢隔着黄河可以望见。尔朱荣命令车骑将军尔朱兆（兆字万仁，尔朱荣的侄子）暗中渡过黄河，在硖石击败元延明。元颢听说元延明战败，也慌乱逃跑。他所率领的江淮子弟兵五千人，全都解除盔甲相对哭泣，一列列握着手投降。元颢与数十骑想投奔萧衍，逃到长社（属颍川郡），长社人斩下他的头，送到京城。二十日，庄帝回到洛阳，进封尔朱荣为天柱大将军，别的官衔照旧；进封元天穆为太宰，别的官衔照旧。

永安三年（庄帝年号，三年为530年），逆贼尔朱兆囚庄帝于永宁寺。

当时，太原王尔朱荣地位极高，心思骄傲，功劳高，野心大，给予、夺去全凭自己的感情，褒赏、惩罚任凭自己的意思。庄帝愤怒地对左右人说："我宁可像高贵乡公（高贵乡公，指曹髦，魏文帝曹丕孙，即帝位后，大将军司马昭专政，曹髦不胜其忿，遂率僮仆数百，鼓噪而出，竟为贾允、成济所弑，卒年二十）那样被杀死，不愿像汉献帝（汉献帝，刘协，年号为建安。曹操辅政，迁都于许。建安二十五年，曹操死，子曹丕建立魏朝，称帝，废汉献帝为山阳公）那样活着。"九月二十五日，庄帝诈称太子降生，召尔朱荣、元天穆入朝，庄帝亲手刺杀尔朱荣于明光殿，元天穆为伏兵鲁遑所杀，尔朱荣世子、部落大人也死了。尔朱荣部下车骑将军尔朱阳都等二十人，跟随进入皇城的东华门，也为伏兵所杀。(《魏书·尔朱荣传》说："帝伏兵于明光殿东廊，引荣及荣长子菩提、〔元〕天穆等俱入，坐定，光禄少卿鲁安、典御李侃晞等抽刀而至，荣窘迫，起投御坐，帝先横刀膝下，遂手刃之，安等乱斫，荣与天穆、菩提同时俱死，时年三十八。"东华门，宫城东西北边一门。）只有右仆射尔朱世隆（尔朱世隆，尔朱荣的堂弟）一向在家，听说尔朱荣死了，就率领尔朱荣的部属，烧了西阳门（洛阳西面南起第二门），奔河桥而去。到了十月一日，尔朱世隆与尔朱荣的妻子北乡郡长公主至芒山冯王寺（芒山，在洛阳北十里。冯王寺，是冯熙所建造的寺。冯熙，字晋昌，信都〔今河北冀县〕人。魏高祖时，冯熙为侍中、车骑大将军、开府、都督、洛州刺史，封昌黎王。他在北芒造寺，称冯王寺），为尔朱荣祈求冥福，进献祭品，随即派尔朱侯讨伐、尔朱那律归率领了胡骑一千，都穿了白衣服到城下，索取太原王的尸首。庄帝登上大夏门观望，派主书牛法尚对尔朱那律归等说："太原王立了功却不能善终，暗中图谋起衅作逆，王法没有亲情，已经对他依照律法正刑，罪止于尔朱荣一人，别的人都不追究。你等为什么不投降？只要投降，官爵照旧。"

尔朱那律归说："臣跟从太原王来朝见陛下，为什么今日冤枉地被无理加害？臣要回晋阳，不忍心空手回去，愿得太原王尸体，生死无恨。"他发言时泪如雨下，不胜悲哀。成群的胡人恸哭，声音震动京城。庄帝听了，也为之感伤，就派侍中朱元龙（朱瑞，字元龙，桑乾〔今山西山阴县〕人。及尔朱兆入洛，朱瑞为尔朱世隆所杀）带铁券（铁券，用铁作，像瓦，上写官职，为不死的凭证）给尔朱世隆，恕他不死，官位照旧。尔朱世隆对朱元龙说："太原王的功劳感动天地，道德可济生民，忠心对待国事，这都为神明所知。长乐不顾信义，冤枉地害死忠良。今天用铁券上的两行铁字，怎么能让人相信？我要替太原王报仇，死也不投降！"朱元龙听尔朱世隆称庄帝为长乐，知道他不服罪，便告诉了庄帝，庄帝立即拿出库里的物品放在城墙的西门外，招募死士来讨伐尔朱世隆，一天就募集到万人。他们同尔朱那律归等在城外战斗，但没能摧毁尔朱军的凶恶气焰。尔朱那律归等屡次经历战事，击刺捷速，而京城里的士人没有学习过军旅征争，虽然都仗义勇敢，但力不从心。三天里多次作战，游散士兵的勇气没有减退。庄帝再次招募人阻断河桥。有汉中人李苗（苗传说：苗字子宣，涪〔今四川绵阳县〕人。是役苗浮而殁）建立的水军，从上游放火烧桥。尔朱世隆见桥被焚，于是大肆劫掠百姓，北上太行山。庄帝派侍中源子恭、黄门郎杨宽（源子恭，字灵顺，西平〔今属河南省〕人。杨宽，字景仁，华阴人）率领步骑三万，镇守河内。尔朱世隆到高都（今山西晋城东北），立太原太守长广王元晔为主，改号称建明元年。尔朱氏封王的有八人。长广王元晔定都晋阳，派颍川王尔朱兆发兵攻打京城。源子恭守军失利（尔朱兆到河内，源子恭军都督史仵龙、羊文义投降尔朱兆，源子恭退走，为尔朱兆所破），尔朱兆从雷陂渡河（《兆传》作"从河桥西涉渡"），擒庄帝于式乾殿。开始时，庄帝因黄河水流很急，认为尔朱兆不可能猝然渡过黄河，想不到尔朱兆并不用船，涉河而渡。这天水浅，还没有到马肚子，所以庄帝碰上了这次大难。这样的情况，在有关黄河的文字记录中，还不曾有过。衒之说："从前光武帝承天受命，滹沱河结冰，让他可以过去；昭烈帝刘备中兴，他骑的卢马从泥沟中跳出，都符合天意，神道所赐的福，能够功德救济宇宙，大大地庇护生民。而像尔朱兆，马蜂一样的眼睛，豺狼一样的声音，行为近于枭獍（枭，食母的鸟。獍，食父的兽。獍，音竟）。他行凶作恶却有恃无恐，贼害国君和亲人，天神有知，就会看到他的凶恶。谁知却反而使孟津渡口水浅及膝，助长了他叛逆的心思。《易经》称天道给淫乱的人灾祸，鬼神给谦虚的人赐福。用这事来验证，实在是空话。"当时尔朱兆在尚书省驻扎军队，树立起天子的金鼓，庭院里设立计时的滴漏，国君的嫔妃、宫女、公主都被劫掳到军中。他把庄帝锁在寺庙的门楼上。当时是十二月，庄帝怕冷，向尔朱兆要头巾（《通鉴·梁纪十》胡注："头巾，所谓袙头。"袙头指御寒之具，不限于头巾），尔朱兆不给，后来又囚送庄帝到晋阳，把他吊死在三级寺里（三级寺在城内，寺内的宝塔只有三层，所以这样称呼。这年庄帝二十四岁）。庄帝临死时顶礼拜佛,说愿转世再不做皇帝。又作五言诗说:"权去生道促,忧来死路长。怀恨出国门,含悲入鬼乡。隧门一时闭,幽庭岂复光?思鸟吟青松,哀风吹白杨。昔来闻死苦,何言身自当。"到太昌元年冬天(高欢进洛阳,立平阳王元修为帝,即魏孝武帝,建年号为太昌,元年为532年,即庄帝死后的第二年),才迎接庄帝的梓宫到京城,葬在靖陵。他所作的五言诗被用作挽歌,朝廷上和民间的人听了,没有不悲哀的。围观的百姓,都掩面垂泪。

永熙三年(魏孝武帝即位后,于532年四月改元太昌,十二月改元永兴,又改元永熙,永熙三年为534年)二月,九层宝塔为火所烧。孝武帝登凌云台(凌云台,魏文帝所造,在宣阳门内。高二十丈)望火,派南阳王元宝炬、录尚书事长孙稚(元宝炬,这时任侍中、太保。长孙稚,字承业,代〔今河北蔚县东〕人。时任太傅、录尚书事)率领羽林军一千救火;羽林军没有不觉得悲伤惋惜,都是流泪前去的。火凌晨时从第八层中间烧起,当时打着雷下着雨,天色阴暗,夹着霰和雪,百姓和僧人都来看火,悲哀的声音震动京城。有三个和尚,投身到火内自焚而死。火整整烧了三个月都不熄灭。有的火进入地里,延伸到柱子底部,经过一年还有烟气。这年五月中旬,有从东莱郡(今山东掖县)来的人说:"看见宝塔在海里,光辉闪耀,就像新的一般,海边上的人也都说看到过它。忽然间雾气起来,宝塔就隐没不见了。"到七月里,平阳王元修为侍中斛斯椿(斛斯椿,字法寿,广牧富昌〔今内蒙古准格尔旗〕人)所挟制,奔走长安。(魏国高欢起兵,打败尔朱氏,又同宇文泰争斗,宇文泰占领长安后,高欢来到洛阳,立平阳王元修为魏孝武帝,改年号为太昌元年。到永熙三年七月,孝武帝听从斛斯椿的话,亲自统领六军在河桥讨伐高欢,但没有取胜,便跟着斛斯椿到长安去投奔宇文泰。高欢乃立清河王元善见为魏帝,改永熙三年为天平元年,称为孝静帝。)十月,魏帝向北迁都到邺。(称为东魏,孝武帝投奔宇文泰,被鸩死。)

○建中寺,普泰元年尚书令乐平王尔朱世隆所立也。本是阉官司空刘腾宅。

屋宇奢侈,梁栋逾制。一里之间,廊庑充溢。堂比宣光殿,门匹乾明门,博敞弘丽,诸王莫及也。

在西阳门内御道北所谓延年里。

刘腾宅东有太仆寺,寺东有乘黄署,署东有武库署,即魏相国司马文王府库,东至阊阖宫门是也。

西阳门内御道南,有永康里。里内复有领军将军元乂宅。

掘故井得石铭,云是汉太尉荀彧宅。

正光年中,元乂专权,太后幽隔永巷,腾为谋主。

乂是江阳王继之子,太后妹婿。熙平初,明帝幼冲,诸王权上,太后拜乂为侍中,领军左右,令总禁兵,委以腹心,反得幽隔永巷六年。太后哭曰:"养虎自啮,长虺成蛇。"

至孝昌二年,太后反政,遂诛乂等,没腾田宅。元乂诛日,腾已物故,太后追思腾罪,发墓残尸,使其神灵无所归趣。以宅赐高阳王雍。建义元年,尚书令乐平王尔朱世隆为荣追福,题以为寺。朱门黄阁,所谓仙居也。以前厅为佛殿,后堂为讲室。金花宝盖,遍满其中。有一凉风堂,本腾避暑之处,凄凉常冷,经夏无蝇,有万年千岁之树也。

【今译】

建中寺,是普泰元年尚书令乐平王尔朱世隆建造的(普泰,节闵帝元恭的年号。元年是庄帝卒的次年,即531年。《魏书·尔朱世隆传》:"长广王晔以世隆为尚书令乐平郡王。"),本来是宦官刘腾(《魏书》卷九十四《阉官传》:腾字青龙,本平原〔今山东平原县南〕城民,徙属南兖州之谯郡〔今安徽亳县〕。幼时坐事受刑,补小黄门。高祖时为大长秋卿、太府卿。肃宗践极,灵太后临朝,除崇训太仆,加中侍中,改封长乐县开国公。……后与元乂害清河王怿,废太后于宣光殿。乂以腾为司空公,表里擅权,共相树置。)的住宅。

屋子奢侈,梁柱的规格逾越制度。一里长的路,两边都是廊屋。廊堂如宣光殿(晋代的殿名),门像乾明门,宽敞壮丽,当时诸王的府第都没法比。

这座寺在西阳门内御道北,即所谓的延年里。

刘腾住宅的东面有太仆寺(掌管皇帝的车子),寺的东面有乘黄署(掌管皇帝的马匹),署的东面有武库署(掌管皇家兵器的衙门),即魏国的相国司马文王(司马文王,即司马昭）府库，再东面就到了阊阖宫门。

西阳门内御道南有永康里。里内有领军将军元义的住宅。

这里曾掘旧井得到石铭，说这是汉朝太尉荀彧（《三国志·魏书》：荀彧，字文若，颍阴〔今河南许昌〕人。裴注称魏文帝赠彧太尉）的住宅。

正光年中（正光，魏孝明帝年号），元义专权，胡太后被幽禁在永巷里，刘腾（腾与太傅清河王怿有隙，于正光元年七月遂与元义害怿，废胡太后于宫中宣光殿。腾闭永巷门，胡太后不得出，内外断绝，腾自执管钥，肃宗亦不得见。义总勒禁旅，决事殿中。义为外御，腾为内防，生杀之威，皆决于腾、义之手。详见《魏书》二人传）是主谋。

元义是江阳王元继的儿子，太后的妹婿。熙平（魏孝明帝熙平元年为516年）初，明帝年龄幼小，诸王权力大（指高阳王元雍、任城王元澄、广平王元怀、清河王元怿皆有权），胡太后拜元义为侍中、领军左右，令他统率禁卫军，将他当作自己的心腹。他反而把胡太后幽禁在永巷六年。胡太后哭道："养了老虎来咬自己，养大了小蛇成为大蛇！"

到了孝昌二年，胡太后重新执政（据《魏书·肃宗纪》，胡太后反政在孝昌元年，即525年），于是诛杀元义等，没收刘腾的田地住宅。元义被诛之日，刘腾已经死了（元义的被杀在孝昌二年三月，刘腾的死在正光四年，即523年），胡太后回想刘腾的罪，于是命人挖掘他的坟墓，残毁他的尸体，使他的灵魂没有归宿，又把他的住宅赐给了高阳王元雍（《魏书》卷二十一有《元雍传》：雍字思穆，献文帝子。肃宗初，雍为丞相。元义废太后,雍与肃宗计,解元义领军,太后反政,以雍有功,因以腾宅赐之)。建义(建义是魏庄帝年号,元年即528年,时尔朱荣未死,故此处当作建明。建明为东海王元晔年号,即530年)元年,尚书令乐平王尔朱世隆为尔朱荣追福,题字以刘腾宅为寺。朱漆的门,黄漆的阁,好像仙人的住处。以前廊为佛殿,后堂作为讲室。金银的莲花,绸缯制的伞盖,遍布其中。其中有一个凉风堂,是刘腾避暑的处所,阴凉常冷,整个夏天也没有苍蝇,还种植了许多万年千年的树。(《西京杂记》卷一:汉上林苑有千年长生树,万年长生树。)

○长秋寺,刘腾所立也。

　腾初为长秋令卿,因以为名。

在西阳门内御道北一里。

　亦在延年里,即是晋中朝时金市处。寺北有蒙氾池,夏则有水,冬则竭矣。

中有三层浮图一所,金盘灵刹,曜诸城内。作六牙白象负释迦在虚空中。庄严佛事,悉用金玉,作工之异,难可具陈。四月四日,此像常出,辟邪、师子道引其前。吞刀吐火,腾骧一面。彩幢上索,诡谲不常。奇伎异服,冠于都市。像停之处,观者如堵,迭相践跃,常有死人。

【今译】

长秋寺,是刘腾所建造的。

刘腾开始做长秋令卿(《魏书·刘腾传》说:高祖时,腾为中黄门,后升大长秋卿。大长秋,是后魏给宦官设立的官职),因此用此作为名称。

这座寺在西阳门内御道北一里。

也是在延年里。延年里也是晋朝时金市(陆机《洛阳记》说:洛阳凡三市:大市名曰金市,在临商观〔临商观,宫中观名,在宫之西〕之西。马市在大城之东。洛阳市在大城南。)所在之处。寺北有蒙汜池(《元河南志》卷二云:"明帝于宫西凿池,以通御沟,义取日入蒙汜为名。"蒙汜,指迷濛),夏天池中有水,冬天就干了。

中间有三层宝塔一座,塔顶上的金盘和相轮,光彩夺目,照耀到城内。寺内有一尊六牙白象驮着释迦立于虚空的塑像(此云六牙白象驮着释迦在虚空中,即是写佛降生时的像)。庄严的佛像,完全用金玉来雕刻,做工的精妙,难以一一陈述。四月四日,这尊佛像经常被抬出来(本卷昭仪尼寺条也说佛像于四月七日出,来到景明寺。四月八日是行像日,即佛像在四月八日周行城内,受众人的瞻仰礼拜,称为行像。佛在四月八日出生,故于八日行像。隋人杜台卿《玉烛宝典》卷四亦云:"四月八日行像供养。"则这里的"四日"当作"七日"),有辟邪和狮子(辟邪似鹿,一角者或谓天鹿,二角者或谓辟邪。辟邪和狮子,指由人装扮的,非真物)在前引导。又有人能吞刀吐火(张衡《西京赋》云:"吞刀吐火,云雾杳冥。"),骑马表演马戏（腾骧者，言马之驰骋，亦指马戏言），还有人爬竿攀绳（彩幢上索，疑当作缘幢上索，幢像柱子，攀援上去。上索，攀绳子上去，都指当时的杂技），表演内容诡异奇谲，不是平时经常能看见的。神奇的杂技，异样的服装，遍布都市。佛像停留的处所，观看的人拥堵如墙，互相践踏，经常有人被踏死。

○瑶光寺，世宗宣武皇帝所立。在阊阖城门御道北，东去千秋门二里。

> 千秋门内道北有西游园，园中有凌云台，即是魏文帝所筑者。台上有八角井，高祖于井北造凉风观，登之远望，目极洛川。台下有碧海曲池。台东有宣慈观，去地十丈。观东有灵芝钓台，累木为之，出于海中，去地二十丈。风生户牖，云起梁栋，丹楹刻桷，图写列仙。刻石为鲸鱼，背负钓台，既如从地踊出，又似空中飞下。钓台南有宣光殿，北有嘉福殿，西有九龙殿。殿前九龙吐水成一海。凡四殿，皆有飞阁向灵芝往来。三伏之月，皇帝在灵芝台以避暑。
>
> 有五层浮图一所，去地五十丈。仙掌凌虚，铎垂云表，作工之妙，埒美永宁。讲殿尼房，五百余间。绮疏连亘，户牖相通，珍木香草，不可胜言。牛筋狗骨之木，鸡头鸭脚之草，亦悉备焉。椒房嫔御，学道之所，掖庭美人，并在其中。亦

有名族处女，性爱道场，落发辞亲，来仪此寺。屏珍丽之饰，服修道之衣，投心八正，归诚一乘。永安三年中，尔朱兆入洛阳，纵兵大掠，时有秀容胡骑数十人，入寺淫秽，自此后颇获讥讪。京师语曰："洛阳男儿急作髻，瑶光寺尼夺作婿。"

瑶光寺北有承明门，有金墉城，即魏氏所筑。

晋永康中，惠帝幽于金墉城。东有洛阳小城，永嘉中所筑。

城东北角有魏文帝百尺楼，年虽久远，形制如初。高祖在城内作光极殿，因名金墉城门为光极门。又作重楼飞阁，遍城上下，从地望之，有如云也。

【今译】

瑶光寺，是世宗宣武皇帝所建造的（世宗名恪，高祖孝文皇帝第二子。瑶光寺为尼寺，孝文废皇后冯氏，宣武皇后高氏入道为尼，皆居此寺）。寺在阊阖城门御道北面，往东距离千秋门二里（《元河南志》卷三说："千秋门，宫西门。"）。

千秋门路北有西游园（按千秋门既是宫门，园必在宫外，原文"内"字疑为衍文）。园中有凌云台，是魏文帝所筑。台上有八角井，高祖在井北建造了凉风观，登上去远望，目力尽于洛水。台下有碧海曲池（按这里没有海，即称池为海，水即从近处引来）。台东有宣慈观，离地十丈。观东有灵芝钓台，用木搭建而成，自池中伸出，离地二十丈。风从门窗中来，云从梁柱中升起，柱子涂着红漆，椽子刻着花纹，描绘众位仙人。台下刻石做成鲸鱼的样子，背起钓台。台子既像从地上踊出，又像从空中飞下。钓台南有宣光殿，北有嘉福殿，西有九龙殿。殿前雕刻九龙，吐水形成一池（按《水经注》卷十六谷水条云："阳渠水枝流入石逗伏流，注灵芝九龙池。"）。这四处殿堂（按上面只说钓台南、北、西三殿，缺东，当指宣慈观，合成四殿），都有阁道与灵芝台相通。三伏的月份，皇帝在灵芝台避暑。

寺内有五层宝塔一座，离地有五十丈。承露仙人掌凌空而设（《史记·武帝纪》云："〔武帝〕作柏梁铜柱、承露仙人掌之属矣。"），塔上的金铃垂在云端，它们做工的巧妙，可与永宁寺媲美。讲经的殿和尼姑的住房，有五百多间。屋舍疏落相接，门窗相接。珍贵的树和香草，多得不可以细数。被称作"牛筋""狗骨"的树（《毛诗草木疏》云："杻，檍也，叶似杏而尖，白色，皮正赤。为木多曲少直，枝叶茂好，人或谓之牛筋，……材可为弓弩干也。"《诗·小雅·南山有台》云："南山有枸。"《草木疏》云："一名枸骨，理白。"枸亦可作狗），叫"鸡头""鸭脚"的草（《说文》云："芡，鸡头也。"《齐民要术》卷三有鸭脚葵），也全都有所种植。椒房里的妃嫔（椒房，指以椒涂壁，取其温暖、芳香），把这里当成是学道的地方；掖庭的美人（掖庭，宫两旁的别院），也都在尼姑们中间。也有名族未出嫁的女子，生来喜爱佛寺，剪了头发，辞别亲人，来到这座寺里。她们除去珍丽的妆饰，穿上修道的衣服，投心于八正道（指正见、正思维、正语、正业、正命、正精进、正念、正定），归诚于佛的一乘（即佛的不二法门）。永安三年（魏孝庄帝改元永安，三年为530年），尔朱兆进入洛阳，放纵兵士大加抢掠。那时有秀容胡骑数十人（按秀容在今山西朔县西北，为尔朱氏所居之秀容川），闯入寺中奸淫，自从这次以后，寺中尼姑颇受讥刺。京师人都说："洛阳男儿急作髻，瑶光寺尼夺作婿。"

瑶光寺北有承明门，又有金墉城，是魏国所造的（《水经注·谷水》条云："魏明帝于洛阳城西北角筑之，谓之金墉城。"）。

晋永康中，惠帝被囚禁于金墉城（晋惠帝为赵王伦所废，囚于金墉城。《晋书·惠帝纪》作永宁元年正月，即301年，此作永康，则为永宁前一年，与《晋书》不合）。东有洛阳小城，是晋永嘉（永嘉，晋怀帝司马炽年号〔307—312〕）年间，怀帝修筑的。

城东北有魏文帝百尺楼（《元河南志》卷二引《洛阳记》曰："洛阳城内西北隅有百尺楼，文帝造。"），年代虽然久远，形制一如初造。高祖在城内造光极殿，因此命名金墉城的城门为光极门。高祖还建了重楼飞阁，遍布全城上下，从地上望上去，就像在云端一般。

○景乐寺，太傅清河文献王怿所立也。

怿是孝文皇帝之子，宣武皇帝之弟。

在闾阖南，御道东。西望永宁寺正相当。

寺西有司徒府，东有大将军高肇宅，北连义井里。义井里北门外有丛树数株，枝条繁茂。下有甘井一所，石槽铁罐，供给行人，饮水庇荫，多有憩者。

有佛殿一所，像辇在焉。雕刻巧妙，冠绝一时。堂庑周环，曲房连接，轻条拂户，花蕊被庭。至于六斋，常设女乐，歌声绕梁，舞袖徐转，丝管寥亮，谐妙入神。以是尼寺，丈夫不得入。得往观者，以为至天堂。及文献王薨，寺禁稍宽，百姓出入，无复限碍。

后汝南王悦复修之。

悦是文献之弟。

召诸音乐，逞伎寺内。奇禽怪兽，舞抃殿庭。飞空幻惑，世所未睹。异端奇术，总萃其中。剥驴投井，植枣种瓜，须臾之间，皆得食之。士女观者，目乱精迷。自建义已后，京师频有大兵，此戏遂隐也。

【今译】

景乐寺，是太傅清河文献王元怿所建造的。

元怿是孝文皇帝的儿子，宣武皇帝的弟弟（怿字宣仁，博涉经史。延昌四年即515年，肃宗即位，为太傅。正光元年〔520年〕七月，为元乂、刘腾害死。见《北史》卷十九本传及《魏书·肃宗纪》）。

寺在阊阖门南面（阊阖门是宫门），御道的东面，西面正对着永宁寺。

寺的西面有司徒（司徒跟太尉、司空合称三公）府，东面有大将军高肇（高肇字首文，高祖文昭皇太后之兄，本为渤海蓨〔今河北景县〕人。后以肇为大将军，为高阳王元雍所害。见《魏书》本传）的住宅。北面连接义井里。义井里北门外有丛树几株，枝条繁盛。下有甜水井一个，石槽铁罐，供给走路人饮水遮阴，多有人在这里休息。

寺中有佛殿一座，佛像和推佛像的车子都放在那里。其雕刻的巧妙，在当时都是独一无二的。堂廊环绕，房间曲折连接，枝条轻柔地拂动门户，花朵覆盖着庭院。到了六斋日（六斋日指每月的八日、十四日、十五日、二十三日、二十九日、三十日），经常设立女乐，歌声回绕梁柱，舞女的衣袖徐徐转动，琴声、箫声响亮，和谐美妙，令人进入奇妙的境界。因为这里是尼姑庵，男人不得进入。得以去观看的，都以为是到了天堂。文献王死后，寺禁稍为宽松，百姓出进不再有阻碍。

后来，汝南王元悦重修了景乐寺。

元悦是文献王的弟弟（元悦也是孝文皇帝的儿子。尔朱荣之乱时，他出逃到梁，梁武帝厚待他，封他为魏王。后来他回到北方，为孝武帝所杀。《北史》卷十九有传）。

元悦召集各种奏乐的人，在寺内表演杂技。有奇禽怪兽，在殿庭跳舞。还有飞空幻术，世人都没有看到过。各种奇异的幻术，都聚集在这里。像肢解驴子的戏法；像种枣种瓜，一会儿都可以得到果实来吃。男男女女，个个看得眼花缭乱。自从建义以后（魏孝庄帝改元建义，即528年），京都屡次有兵祸，这些戏法就消失了。

○昭仪尼寺，阉官等所立也。在东阳门内一里御道南。

东阳门内道北有太仓、导官二署。东南治粟里，仓司官属住其内。

太后临朝，阉寺专宠，宦者之家，积金满堂。是以萧忻云："高轩斗升者，尽是阉官之媵妇；胡马鸣珂者，莫非黄门之养息也。"

忻，阳平人也。爱尚文籍，少有名誉，见阉寺宠盛，遂发此言，因即知名，为治书侍御史。

寺有一佛二菩萨，塑工精绝，京师所无也。四月七日常出诣景明，景明三像恒出迎之。伎乐之盛，与刘腾相比。堂前有酒树面木。昭仪寺有池，京师学徒谓之翟泉也。

衒之按杜预注《春秋》云："翟泉在晋太仓西南。"按晋太仓在建春门内，今太仓在东阳门内，此地今在太仓西南，明非翟泉也。后隐士赵逸云："此地是晋侍中石崇家池，池南有绿珠楼。"于是学徒始寤，经过者，想见绿珠之容也。

池西南有愿会寺，中书侍郎王翊舍宅所立也。佛堂前生桑树一株，直上五尺，枝条横绕，柯叶傍布，形如羽盖。复高五尺，又然。凡为五重，每重叶櫃各异。京师道俗谓之神桑。观者成市，布施者甚众。帝闻而恶之，以为惑众。命给事黄门侍郎元纪伐杀之。其日云雾晦冥，下斧之处，血流至地，见者莫不悲泣。

寺南有宜寿里。内有苞信县令段晖宅。

地下常闻有钟声，时见五色光明，照于堂宇。晖甚异之。遂掘光所，得金像一躯，可高三尺，并有二菩萨，趺坐上铭云：晋泰始二年五月十五日侍中中书监荀勖造。晖遂舍宅为光明寺。时人咸云此是荀勖故宅。其后盗者欲窃此像，像与菩萨合声喝贼，盗者惊怖，应即殒倒。众僧闻像叫声，遂来捉得贼。

【今译】

昭仪尼寺，是宦官等所建造的。在东阳门内一里御道南面。

东阳门内路北有太仓、导官两个衙门（太仓署与导官署都是主管粮食的衙门，太仓管收藏粮食，导官管舂米作干粮）。

东南有治粟里，太仓和导官的官员家属都住在里面。

胡太后临朝，宦官专权受宠，宦官的家中，积蓄的金钱充满堂屋。因此萧忻说："坐着高车，金钱堆满车帐和帷裳里的（斗指车帐，升指帐裳），全是宦官的寡妇（宦官不能生育，但也娶妇，所以称为寡妇）；骑着身上挂着发出清脆声响玉饰的胡马的

（珂，指马上玉饰），都是宦官的养子（黄门即宦官。养息即养子。宦官不能生子，可以领人作子）。"

萧忻是阳平（今山东莘县）人。爱好文籍，年轻时有声誉，看见宦官受宠势盛，于是说了这些话，为此即刻知名，做到了治书侍御史。

寺里有一尊佛像、两尊菩萨像。雕刻的工夫极精细，是京都所没有的。四月七日，这三尊雕像常常送到景明寺（四月八日为佛的生日，所以七日就把佛像送到景明寺，八日抬出佛像在城内游行，称为行像），景明寺的三尊佛也被迎出来。行像时奏乐的盛况可以同刘腾的长秋寺相比。佛堂前有酒树、面木（酒树，其树开花，把花浸在水里，水可以变成酒。面木，木中出屑，如面可吃）。昭仪寺有一眼池，京都中的佛教弟子们称它翟泉。

衒之按杜预注《春秋》说："翟泉在晋太仓西南。"（见《春秋·僖公二十九年》杜注："翟泉，今洛阳城内太仓西南池水也。"）按晋太仓在建春门内（《水经注》卷十六云："翟泉在广莫门道东，建春门路北。"于洛阳为东北，杜预谓在西南，不合），今太仓在东阳门内，此地在太仓西南，明显不是翟泉。后来的隐士赵逸（赵逸，字思群，天水〔今属甘肃省〕人。好经籍著作）说："此地是晋侍中石崇（石崇，晋武帝时为侍中，晋惠帝时为孙秀所杀）家池，池南有绿珠楼（《晋书·石崇传》："崇有伎曰绿珠，美而艳，善吹笛。"孙秀求之，石崇不与。秀因害崇，绿珠跳楼死）。"因此读书人们才明白，经过这里的人，都会抬头推想绿珠的容貌。

池的西南有愿会寺,是中书侍郎王翊(《魏书·王翊传》:"翊字士游,琅琊临沂〔今属山东省〕人。"官中书侍郎)捐献自己的住宅建造的。佛堂前长着一棵桑树,高五尺处,枝条横绕,枝叶散布,形状像羽毛做的华盖。再向上高五尺,又是这样。这样一共五重,每重的叶子和桑葚各不相同。京城中的出家人和俗人叫它神桑。前来观赏的人多得像赶集一样,给寺院布施的人也很多。孝武帝听说后很憎恶它,认为这是用树来迷惑众人。于是他命令给事黄门侍郎元纪(《魏书》卷十九《任城王澄传》说:元纪是任城王元澄之子,字子纲,永熙中为给事黄门侍郎,随孝武帝出于关中)把它砍掉。这一天,云雾使天晦暗,斧头砍到的地方,涌出血一样的树汁,流淌到地上,看见的人没有不悲泣的。

寺的南面有宜寿里,里面有苞信(苞信县,古县名,在今河南息县东北七十里)县令段晖的住宅。

宅里常常可以听见地下有钟声,又时常看见五色光线,照到堂上。段晖觉得很奇异,就挖掘发光的地方,得到一尊金像,约高三尺,另有两尊菩萨像。佛像脚上有刻字称:晋泰始二年五月十五日侍中中书监荀勖(《晋书》卷三十九《荀勖传》:"勖字公曾,颍川颍阴〔今河南许昌〕人。晋武帝受禅,拜中书监,加侍中。")造。段晖于是捐出住宅改作光明寺。当时人都说这里曾是荀勖故宅。后来有窃贼要偷这尊佛像,佛像同菩萨像一起发声呵斥窃贼,窃贼受惊恐惧,应声倒在地上。众和尚听见像的叫声,于是赶来捉住了窃贼。

○胡统寺,太后从姑所立也。

入道为尼,遂居此寺。

在永宁南一里许。宝塔五重,金刹高耸。洞房周匝,对户交疏。朱柱素壁,甚为佳丽。其寺诸尼,帝城名德,善于开导,工谈义理,常入宫与太后说法,其资养缁流,从无比也。

【今译】

胡统寺(胡指非汉族。统指尼院为尼姑统治)是胡太后从姑(《北史·后妃传》称后姑为尼)所建。

她深信佛理,做了尼姑,于是住在这座寺里。

胡统寺距永宁寺南一里左右。寺里有五层宝塔,塔顶有金色的相轮高高耸立。周围回绕着幽深的房屋,门对门彼此交接。朱漆的柱子,白粉的墙壁,美观雅致。寺里众尼,都是京城中著名而又有德行的,善于开导,会讲佛理。她们经常进宫同太后讲佛法,胡太后对胡统寺的资助,也是其他寺庙无法可比的。

○修梵寺,在青阳门内御道北。

嵩明寺,复在修梵寺西。并雕墙峻宇,比屋连甍,亦是名寺也。修梵寺有金刚,鸠鸽不入,鸟雀不栖。菩提达摩云得其真相也。

寺北有永和里，汉太师董卓之宅也。

里南北皆有池，卓之所造。今犹有水，冬夏不竭。里中太傅录尚书长孙稚、尚书右仆射郭祚、吏部尚书邢峦、廷尉卿元洪超、卫尉卿许伯桃、凉州刺史尉成兴等六宅。

皆高门华屋，斋馆敞丽。楸槐荫途，桐杨夹植。当世名为贵里。掘此地者，辄得金玉宝玩之物。时邢峦家常掘得丹砂，及钱数十万，铭云："董太师之物。"后卓夜中随峦索此物，峦不与之。经年，峦遂卒矣。

【今译】

修梵寺（梵是静，修梵就是修静），在青阳门内御道北面。

嵩明寺（嵩是高，嵩明指高明），又在修梵寺西面。两寺都有雕刻布满墙头，屋子高大宏伟，屋子相靠，屋脊相连。这两处也是名寺。修梵寺有金刚力士塑像，鸠鸽不进去，鸟雀也不栖止。菩提达摩说修梵得到了它的真相（菩提达摩是南天竺人，入嵩山少林寺面壁九年。他说"得到了它的真相"，指修梵寺得到了修静的真相）。

修梵寺的北面有永和里，是汉朝太师董卓的住宅。

永和里的南面和北面都有池，是董卓造的。现在池中还有水，冬天夏天都不干涸。

永和里中有太傅录尚书事长孙稚（《魏书》卷二十五附《长孙道生传》：长孙稚，字承业，代〔今河北蔚县东〕人，孝武帝时转太傅录尚书事）、尚书右仆射郭祚（《魏书》卷六十四《郭祚传》："郭祚，字季祐，太原晋阳人。"世宗时，为侍中，迁尚书右仆射）、吏部侍郎邢峦（《魏书》卷六十五本传："字洪宾，河间鄚〔今河北任丘县东〕人。"世宗时为尚书）、廷尉卿元洪超（《北史》卷二十二《长孙稚传》称其姨兄为廷尉卿元洪超。元洪超为魏辽西公拓跋意烈之玄孙）、卫尉卿许伯桃（《广弘明集》卷一述孝明帝正光元年召释、道二宗门人论议，有卫尉许伯桃）、凉州刺史尉成兴（《魏书》卷二十六《尉古真传》云："族玄孙聿字成兴，……出为平西将军、东凉州刺史。"）等六宅。（按这里的六家，前五家皆名。这里也当称名，作尉聿，成兴是字。又《魏书·地形志》无东凉州，《魏书》中"东"应为衍文。）

这些住宅都是高门华屋，斋馆宽敞美丽。楸树、槐树遮蔽路上，桐树、杨树相间种植。当时称为贵里。掘这里的地，往往得到金玉宝玩的器物。当时邢峦的家里曾经掘得丹砂和几十万钱，上面的铭文说，这些都是董太师的东西。后来，董卓夜里向邢峦讨这些东西，邢峦不给他，过了一年，邢峦就死了。

○景林寺，在开阳门内御道东。讲殿叠起，房庑连属。丹楹炫日，绣桷迎风，实为胜地。寺西有园，多饶奇果。春鸟秋蝉，鸣声相续。中有禅房一所，内置祇洹精舍，形制虽小，巧构难比。加以禅阁虚静，隐室凝邃，嘉树夹牖，芳杜匝阶，虽云朝市，想同岩谷。净行之僧，绳坐其内，餐风服道，结跏数息。

有石铭一所，国子博士卢白头为其文。

> 白头，一字景裕，范阳人也。性爱恬静，丘园放敖。学极六经，说通百氏。普泰初，起家为国子博士。虽在朱门，以注述为事，注《周易》行之于世也。

建春门内御道南有句盾、典农、籍田三署。籍田南有司农寺。御道北有空地，拟作东宫，晋中朝时太仓处也。太仓西南有翟泉，周回三里，即《春秋》所谓"王子虎、晋狐偃盟于翟泉"也。

水犹澄清，洞底明净。鳞甲潜藏，辨其鱼鳖。

高祖于泉北置河南尹。

> 中朝时步广里也。

泉西有华林园。高祖以泉在园东，因名为"苍龙海"。华林园中有大海，即汉天渊池。

> 池中犹有魏文帝九华台。高祖于台上造清凉殿，世宗在海内作蓬莱山。山上有仙人馆。台上有钓台殿。并作虹蜺阁，乘虚来往。至于三月禊日，季秋巳辰，皇帝驾龙舟鷁首，游于其上。

海西有藏冰室。六月出冰，以给百官。海西南有景山殿。山东有羲和岭，岭上有温风室。山西有姮娥峰，峰上有露寒馆。并飞阁相通，凌山跨谷。山北有玄武池。山南有清暑殿。殿东有临涧亭,殿西有临危台。

景阳山南,有百果园,果别作林,林各有堂。

有仙人枣,长五寸,把之两头俱出,核细如针,霜降乃熟,食之甚美。俗传云出昆仑山,一曰西王母枣。又有仙人桃,其色赤,表里照彻,得霜乃熟。亦出昆仑山,一曰王母桃也。柰林南有石碑一所,魏〔文〕(明)帝所立也,题云"苗茨之碑"。高祖于碑北作苗茨堂。

永安中,庄帝马射于华林园,百官皆来读碑,疑苗字误。国子博士李同轨曰:"魏〔文〕(明)英才,世称三祖。公幹仲宣,为其羽翼。但未知本意如何,不得言误也。"衒之时为奉朝请,因即释曰:"以蒿覆之,故言苗茨。何误之有?"众咸称善,以为得其旨归。

柰林西有都堂,有流觞池。堂东有扶桑海。

凡此诸海,皆有石窦流于地下,西通谷水,东连阳渠,亦与翟泉相连。若旱魃为害,谷水注之不竭;离毕滂润,阳渠泄之不盈。至于鳞甲异品,羽毛殊类,濯波浮浪,如似自然也。

【今译】

景林寺,在开阳门内的御路东面。讲经的殿堂重叠而起,廊房相连。朱红漆的柱子反射着阳光,描花的橡子迎接着凉风,实在是一个好地方。寺的西面有园，多产奇异的果子。春天的鸟声，秋天的蝉声，接续不断。园中有禅房一处，里面设立祇洹精舍（"祇洹精舍"出自《贤愚经》卷十。昔舍卫国大臣须达，在太子祇陀的园内为佛立精舍。祇洹即祇陀。精舍即精修的房舍），造型规模虽然小，但巧妙的构造却是其他房屋难以相比的。加上禅房清幽安静，隐蔽的房屋凝结着幽深的气氛，美好的树围着窗，芳香的杜若草回绕着阶沿。这里虽说是朝廷市集所在处，但如同山谷一般。清修静行的僧人，直坐在里面，吸风食气，潜习佛法（飡风食气，一种修炼方法），跌坐修静（结跏，即跌坐，以两足跌加于两髀而安坐。数息，即静坐默数气息之出入，指修静）。

寺院中有石铭一处，刻着国子博士卢白头写的文章。

卢白头，一字景裕，范阳人（《北史》卷三十："景裕字仲孺，小字白头。"范阳涿〔今属河北省〕人也。可见景裕是名，非字）。性喜恬静，游赏在丘园（丘园，丘壑园圃）里。他的学问穷极六经，通贯百家（六经包括《乐经》在内，今文字认为乐本无经，这里似以五经为主。百氏，指诸子百家）。普泰初（魏节闵帝年号，即531年），卢白头被征召为国子博士。虽在国子监，仍从事著述工作，他注的《周易》，在当时很盛行。

建春门内御路南有句盾、典农、籍田三个衙门（句盾也写作钩盾，管公家园林中的柴草。张衡《东京赋》说："奇树珍果，钩盾所职。"可见它也管树和果。典农署是管农民的。籍田署是管皇家所耕种的田地的。当时皇家为表示重耕作，皇帝亲自开耕种田，所获用来祭社稷神）。籍田署南有司农寺（也是衙门，比典农署小些）。御路北有空地，拟定要造东宫，这是晋朝太仓的处所。太仓西南有翟泉（《水经注》卷十六称："今太仓西南池水名翟泉。"又说："池南北百一十步，东西七十步。"），方圆三里，即《春秋》上所说的"王子虎和晋狐偃在翟泉结盟"（见《春秋·僖公二十九年》）的那个地方了。

水还是澄清的，明净得可以见底。能看见鱼和甲鱼在其中潜游，可以辨清鱼和鳖。

高祖在翟泉北面设立了河南尹。

这里就是晋朝时的步广里（《水经注》引陆机《洛阳记》："步广里，在洛阳城内宫东。"）。

翟泉西面有华林园（《文选》卷二十中应贞《晋武帝华林园集诗》下李善注引《洛阳图经》：华林园在城内东北隅，魏明帝起名芳林园，齐王芳改为华林园）。高祖因为泉水在园东，就取名为苍龙海（《史记·天官书》："东宫苍龙七宿。"泉既在园东，因称为苍龙）。华林园中有大湖，即天渊池（天渊池又称天泉池，晋怀帝尝会天泉池赋诗）。

池中还有魏文帝造的九华台（《三国志·魏书》卷二《文帝纪》云："黄初七年三月，筑九华台。"）。高祖在台上造了清凉殿，世宗在池内修筑了蓬莱山。山上有仙人馆。台上有钓台殿，并且修了虹蜺阁。人在阁中行走，就像在空中往来（阁即阁道，通向各个殿，在空有如虹蜺。在阁道中行走就像在空中行走，故称乘虚往来）。到了三月禊日（三月上巳日临水修禊），季秋巳辰（九月九日），皇帝乘着龙舟（鹢首,船头上画有鹢鸟)在天渊池上游览。

天渊池的西面有藏冰室,六月出冰,用来分给百官。池的西南有景山殿(景山即景阳山。《水经注》云:"谷水枝分历景阳山北,其水东注天渊池。")。山的东面有羲和岭,岭上有温风室。山的西面有姮娥峰(姮娥即嫦娥,为月神),峰上有露寒馆,并且有横空的阁道相通,驾凌山上,跨过山谷。山的北面有玄武池(玄武,北方水神名)。山的南面有消暑殿,殿的东面有临涧亭,殿的西面有临危台(危指高)。

景阳山南有百果园,树以类分别成林,林内各有堂(与下文"柰林西有都堂"相应)。

园内有仙人枣,长五寸,用手紧握它,枣会从拳头两边露出来,枣核细如针,霜降后才成熟,很好吃。世人相传它出自昆仑山,一说叫西王母枣。又有仙人桃,它是红色的,照着看是透明的,经霜才成熟,也出自昆仑山,一说叫王母桃。柰林南有一座石碑,魏〔文〕(明)帝所立(原文作"魏明帝",按《水经注》云:"天渊池南置魏文帝茅茨堂,前有茅茨碑,是黄初中所立也。"黄初是魏文帝年号,因改),题称"苗茨之碑"。高祖在碑的北面修建了苗茨堂(《水经注》云:"茅茨堂,为魏文帝所建。"这是旧有的堂。按《魏书》卷十九《任城王澄传》,称高祖在凝闲堂后建了茅茨堂,是新建的)。

永安中(永安是敬宗孝庄帝元子攸年号,共三年,永安中,当为529年),庄帝在华林园骑马射猎,百官都来读碑,有人怀疑"苗"字是错的。国子博士李同轨(《魏书》卷八十四本传说:"李同轨,赵郡高邑〔今河北柏乡县北〕人。……体貌魁岸，腰带十围。学综诸经，多所治诵。……迁国子博士。"）说："魏〔文〕（明）英才，世称'三祖'（文帝与武帝、明帝，合称三祖。按原作"魏明"，今改作"魏文"）。公幹、仲宣（公幹是刘桢，仲宣是王粲，二人皆是文帝侍从之臣。若作"明帝"，二人都死了，故上文改作"魏文"），为其羽翼。只不过不知道'苗'的本意是什么，不应该说它有误。"我当时在做奉朝请（奉朝请不是正式官位，只是朝堂请召），因此解释道："用蒿草盖屋，所以叫苗茨。有什么错呢？"众人都说好，认为这样解释是得到了它的真意。

奈林西面有都堂，有流觞池（即流觞曲水，人列坐在水边，把酒杯放在水里，让流水把酒杯带到人的座位前，再拿杯来喝）。堂的东面有扶桑海（海即池）。

这些湖中的水都是在地下的石缝中流通，西面同谷水相通，东面同阳渠（阳渠，在后汉时，王梁开渠引谷水，渠成而水不流。到后魏时，张纯引洛水到谷水，进入洛阳城内，是新的阳渠）水相通，也与翟泉相通。碰上天降大旱，谷水可以流进扶桑海内使它不枯；月亮接近毕宿（毕宿，二十八星宿之一。《诗经·小雅·渐渐之石》："月离于毕，俾滂沱矣。"即月亮接近毕宿，天就会下大雨），天降大雨，阳渠可以引水流出去，扶桑海的水也不会过满。至于各种鱼鳖，各类禽鸟，都在波上洗濯羽毛或在浪中浮游，像在野外一样。

洛阳伽蓝记卷第二
城东

○明悬尼寺,彭城武宣王勰所立也。在建春门外石桥南。

谷水周围绕城,至建春门外,东入阳渠石桥。桥有四石柱,在道南,铭云:"汉阳嘉四年将作大匠马宪造。"逮我孝昌三年大雨颓桥,南柱始埋没,道北二柱,至今犹存。衒之按刘澄之《山川古今记》、戴延之《西征记》并云晋太康元年造,此则失之远矣。按澄之等并生在江表,未游中土,假因征役,暂来经过,至于旧事,多非亲览,闻诸道路,便为穿凿,误我后学,日月已甚。

有三层塔一所,未加庄严。寺东有中朝时常满仓,高祖令为租场,天下贡赋所聚蓄也。

【今译】

明悬尼寺(所以称"明悬",是因为《易·系辞上》说:"悬象著明,莫大乎日月。"日月合成明字),是彭城武宣王元勰(元勰,高祖弟,字彦和,初封彭城王。后为世宗手下臣子高肇用毒酒害死。世宗因赠元勰为武宣王。见《魏书》卷二十一下本传)所建造的。在建春门外石桥南。

谷水围绕洛阳城,到了建春门外,向东流入阳渠石桥。桥上有四个石柱,在路南的上面刻有铭文:"汉阳嘉四年将作大匠马宪造。"(《水经注》卷十六谷水条云:谷水经广莫门北,又东屈南,迳建春门石桥下,桥首建两石柱。桥之右柱,铭云:阳嘉四年乙酉壬申诏书以城下漕渠东通河济,南引江淮,方贡委输所由而至,使中谒者魏郡清渊马宪监作石桥梁柱。按阳嘉为后汉顺帝年号,四年为135年)到我朝孝昌三年(孝昌为肃宗孝明帝年号,三年为527年)桥因为大雨塌了,路南的石柱被埋没了,路北的二个石柱,至今还保存着。衔之按,刘澄之《山川古今记》、戴延之《西征记》都说是晋太康元年造,此则失之远矣(《隋书·经籍志》:《永初山川古今记》二十卷,齐都官尚书刘澄之撰。又《西征记》二卷,戴延之撰。《水经·洛水注》言延之从刘武王西征,当为晋宋时人。太康,为晋武帝年号,元年为280年)。按澄之等都生在长江外,未曾游历中原,因为征战经过,对于古老的事,多不是亲眼看到,只是听路人讲的,便穿凿附会,这些错误耽误我们的后辈已经很久了。

明悬尼寺有一座三层宝塔,没有过多的修饰。寺东面有晋朝时的粮库"常满仓",高祖将这里定为"租场",是天下贡赋所聚存的地方。

○龙华寺,宿卫羽林虎贲等所立也。在建春门外阳渠南。

寺南有租场。

阳渠北有建阳里,里内有土台,高三丈,上作二精舍。

赵逸云："此台是中朝旗亭也。上有二层楼，悬鼓击之以罢市。"

有钟一口，撞之，闻五十里。太后以钟声远闻，遂移在宫内，置凝闲堂前，与内讲沙门打为时节。孝昌初，萧衍子豫章王综来降，闻此钟声，以为奇异，遂造《听钟歌》三首，行传于世。

综字世谦，伪齐昏主宝卷遗腹子也。宝卷临政淫乱，吴人苦之。雍州刺史萧衍立南康王宝融为主，举兵向秣陵，事既克捷，遂杀宝融而自立。宝卷有美人吴景晖，时孕综经月，衍因幸景晖，及综生，认为己子，小名缘觉，封豫章王。综形貌举止甚似昏主，其母告之，令自方便。综遂归我圣阙，更改名曰缵，字德文，始为宝卷追服三年丧。明帝拜综太尉公，封丹阳王。

永安年中，尚庄帝姊寿阳公主字莒犁。公主容色美丽，综甚敬之。与公主语，常自称"下官"。授齐州刺史，加开府。及京师倾覆，综弃州北走。时尔朱世隆专权，遣取公主至洛阳，世隆逼之，公主骂曰："胡狗，敢辱天王女乎！"世隆怒，遂缢杀之。

【今译】

龙华寺，是保卫皇宫的羽林、虎贲等军人所建造的。在建春门外阳渠的南面。

寺的南面有租场。

阳渠北面有建阳里,里内有土台,高三丈,上面修筑了两个精舍。

赵逸说:"这座台子是晋朝时指挥集市的市楼。上面有两层楼,敲打挂着的鼓就代表市集结束了。"(旗亭,市楼。古时建于集市之中,上立旗。为观察、指挥市集之用。)

台上还有一口钟,敲起来,五十里内都能听见声音。太后因为钟声从远处都能听见,于是就移到宫内,放在凝闲堂前(《魏书》卷十九中《任城王澄传》说:"……次之凝闲堂,高祖曰:'名目要有其义,此盖取夫子闲居之义。不可纵奢以忘俭,自安以忘危,故此堂后作茅茨堂。'"),让宫内讲经的和尚以打钟计时。孝昌初(孝昌是肃宗孝明帝年号,即525年),萧衍的儿子豫章王萧综来降,听到这钟声,认为很奇异,于是就作了《听钟歌》三首,传于世上。(《梁书》卷五十五《豫章王综传》说:"综既不得志,尝作《听钟鸣》《悲落叶》辞,以申其志,大略曰:'听钟鸣,当知在帝城。参差定难数,历乱百愁生。去声悬窈窕,来响急徘徊。谁怜传漏子,辛苦建章台。听钟鸣,听听非一所。怀瑾握瑜空掷去,攀松折桂谁相许?昔朋旧爱各东西,譬如落叶不更齐。漂漂孤雁何所栖,依依别鹤夜半啼。听钟鸣,听此何穷极。二十有余年,淹留在京域。窥明镜,罢容色,云悲海思徒掩抑。'"《魏书》云:"综有才思,文义可观,而轻薄傲傥,犹有父风。"今观其辞意,固曲抑不申其志者也。其《悲落叶》者有云:"悲落叶,连翩下重叠。重叠落且飞,纵横去不归!悲落叶,落叶悲。人生譬如此,零落不可持。悲落叶,落叶何时还?凤昔共根本,无复一相关。"尤缠绵凄惋,情见乎辞矣。)

萧综,字世谦(按《梁书》曰:"豫章王综,字世谦,高祖第二子也,天监三年封豫章王。"),伪齐昏主萧宝卷(萧宝卷,齐东昏侯)的遗腹子。萧宝卷执政荒淫无道,吴地的人深受其苦。伪齐的雍州刺史萧衍拥立南康王萧宝融为国君,起兵攻打秣陵(即金陵),事情成功后,就杀掉萧宝融自己做了皇帝。萧宝卷有一个美人叫吴景晖,当时怀孕已经一月,萧衍因为宠幸过吴景晖,到了萧综生下来,就认为是自己的儿子,取小名叫缘觉,封为豫章王。萧综的相貌和举止很像昏主,他的母亲告诉了他实情,教他自己见机行事。萧综遂投奔我国朝廷,改名叫萧缵(《魏书》作赞,这里依照《梁书》),字德文(这里依照《魏书》《梁书》),这才替萧宝卷追戴了三年丧服。魏明帝任命萧综做太尉公,封丹阳王。永安年中(永安是敬宗孝庄帝年号,共三年),萧综娶了孝庄帝之姊寿阳公主莒犂。公主容貌美丽,萧综很敬重她。他与公主讲话时,经常自称"下官"。他被封为齐州刺史(齐州,今山东历城县),加开府。到了京都覆没时,萧综抛弃齐州向北逃跑(《魏书》说:"赞既弃州为沙门,潜诣长白山,未几趣白鹿山,至阳平,遇病而卒。")。这时,尔朱世隆专权,派人把公主抓到洛阳,世隆逼迫她,公主骂道:"胡狗,敢侮辱天王的女儿吗!"尔朱世隆发怒,于是勒死了她。

○璎珞寺在建春门外御道北，所谓建阳里也。

即中朝时白社地，董威辇所居处。

里内有璎珞、慈善、晖和、通觉、晖玄、宗圣、魏昌、熙平、崇真、因果等十寺。里内士庶，二千余户，信崇三宝。众僧利养，百姓所供也。

【今译】

璎珞（璎珞也写作缨络，以珠玉贯穿而成的装饰品，多用为颈饰）寺在建春门外御路北面，就是建阳里那个地方。

这里是晋朝的白社里，董威辇所住的地方。（《晋书·隐逸传》云：董京，字威辇，初与陇西计吏俱至洛阳，被发行吟，常宿白社中。时乞于市，得残碎缯絮，结以自覆。孙楚时为著作郎，数就社中与语，劝之仕。京以诗答之，遂遁去。）

白社里内有璎珞、慈善、晖和、通觉、晖玄、宗圣、魏昌、熙平、崇真、因果等十寺。白社里内士人和庶民有两千多户，都信仰三宝（三宝指佛宝、法宝、僧宝。《翻译名义集·十种通号》引福田论叙三宝说："功成妙智，道登圆觉，佛也。玄理幽寂，正教精诚，法也。禁戒守真，威仪出俗，僧也。"）。

众僧受到很好的供养，这些都是百姓提供的（这座寺是百姓所建）。

○宗圣寺，有像一躯，举高三丈八尺，端严殊特，相好毕备，士庶瞻仰，目不暂瞬。此像一出，市井皆空，炎光辉赫，独绝世表。妙伎杂乐，亚于刘腾。城东士女，多来此寺观看也。

【今译】

宗圣（佛教以佛为圣人，故称"宗圣"）寺内，有一尊佛像，高达三丈八尺，宝相庄严而与众不同，所有佛像的优点都具备。士人庶民都目不转睛地仰望观看。这尊佛像一搬出来，市井都会变空，百姓都来瞻仰，光彩腾耀，世间独一无二。伴随佛像表演的美妙杂技和音乐，仅次于刘腾的长秋寺。城东的善男信女，多来这座寺里观看。

○崇真寺比丘慧嶷，死经七日还活，经阎罗王检阅，以错召放免。

慧嶷具说过去之时，有五比丘同阅，一比丘云是宝明寺智圣，以坐禅、苦行得升天堂。有一比丘是般若寺道品，以诵经四十卷涅槃，亦升天堂。有一比丘云是融觉寺昙谟最，讲《涅槃》《华严》，领众千人。阎罗王曰："讲经者心怀彼我，以骄凌物，比丘中第一粗行。今唯试坐禅、诵经，不问讲经。"其昙谟最曰："贫道立身以来，唯好讲经，实不暗诵。"阎罗王敕付司，即有青衣十人送昙谟最向西北门。屋舍皆黑，似非好处。有一比丘云是禅林寺道弘,自云教化四辈檀越,造一切经,人中金像十躯。阎罗王曰:"沙门之体,必须摄心守道,志在禅诵。不干世事,不作有为。虽造作经像,正欲得他人财物,既得财物,贪心即起,既怀贪心,便是三毒不除,具足烦恼。"亦付司,仍与昙谟最同入黑门。有一比丘云是灵觉寺宝真,自云出家之前,尝作陇西太守,造灵觉寺。寺成,即弃官入道。虽不禅诵,礼拜不阙。阎罗王曰:"卿作太守之日,曲理枉法,劫夺民财,假作此寺,非卿之力,何劳说此!"亦付司,青衣送入黑门。时太后闻之,遣黄门侍郎徐纥依慧嶷所说即访宝明等寺。城东有宝明寺,城内有般若寺,城西有融觉、禅林、灵觉等三寺,问智圣、道品、昙谟最、道弘、宝真等,皆实有之。议曰人死有罪福。即请坐禅僧一百人常在内殿供养之。诏不听持经像沿路乞索。若私有财物,造经像者任意。慧嶷亦入白鹿山,隐居修道。自此以后,京邑比丘皆事禅诵,不复以讲经为意。

出建春门外一里余,至东石桥。

南北而行,晋太康元年造。桥南有魏朝时马市,刑嵇康之所也。

桥北大道西有建阳里,大道东有绥民里。里内有河间刘宣明宅。

神龟年中,以直谏忤旨,斩于都市。讫目不瞑,尸行百步,时人谈以枉死。宣明少有名誉,精通经史,危行及于诛死。

【今译】

崇真寺,和尚慧嶷(《法苑珠林》卷九十二及唐怀信《释门自镜录》并作慧嶷)死后经过七天后复活,经过阎罗王检查验看,因为错误召来而放他免死。

慧嶷详细叙说死后的经历,称还有五个和尚同时受审查:一个和尚是宝明寺的智圣,因为坐禅苦行得以升入天堂。有一个和尚是般若寺的道品,因为念了《涅槃经》四十卷,也获准升入天堂。有一个和尚是融觉寺的昙谟最,他讲解《涅槃经》《华严经》,并带领千人念诵。阎罗王说:"讲经的人心里想着彼我,彼是听讲的人,我是讲经的人,以我的傲慢,欺凌听讲的人,这是和尚中第一粗鄙的行为。现在只检验坐禅和诵经,不问讲经。"昙谟最说:"贫道立身以来,只爱好讲经,实在不熟悉诵经。"阎罗王当即命令将他交付手下官员,就有十个穿青衣的人,送昙谟最向西北门,进了一间黑屋子,似乎不是什么好地方。有一个和尚说自己是禅林寺的道弘,教化了四辈施主,刻了一切经(佛教经书总称一切经,又叫大藏经,简称藏经、佛藏、释藏),还塑造了十尊人中金像(人中像,据今人考证,为卢舍那佛法界人中像的简称,即卢舍那像,是佛像名。见李玉珉《法界人中像》)。阎罗王说:"和尚之身,一定要收心守法,志向在禅诵,不干预世间的事,不做有所作为的事。你虽然造了佛经佛像，但是要用来得他人财物；既然得到财物，贪心就起来了；既然怀有贪心，便是三毒不除（《法门名义集》讲三毒："贪欲、嗔恚、愚痴。"），备足烦恼。"于是阎罗王也吩咐手下人，把他仍旧同昙谟最一样关入黑门。还有一个和尚是灵觉寺的宝真，他自己说，出家以前曾经做过陇西太守，建造了灵觉寺。寺建成了，他就弃官归入佛门。虽然不好禅诵，但礼拜从不缺少。阎罗王说："你做太守的日子，歪曲世理，枉顾法纪，还抢夺人民的财产，虽借以造了这座佛寺，但不是你的力量，何必讲这些！"于是阎罗王把他也交付给手下人，青衣人把他也送入黑门。胡太后听到这些话后，派黄门侍郎徐纥（徐纥，字武伯，乐安〔今山东博兴县北〕人。少好学，有名理。官黄门侍郎。后见恶于尔朱荣，于是南奔萧衍）依照慧嶷说的去问宝明等寺，城东有宝明寺，城内有般若寺，城西有融觉、禅林、灵觉三寺，问及智圣、道品、昙谟最、道弘、宝真等人，都确有其人。胡太后评论说："人死了有的有罪，有的有福。"于是请了坐禅和尚一百人，经常在内殿供养他们。又下诏书，不允许和尚再拿了佛经、佛像沿路讨乞；如果是自己有私产，要刻制佛经佛像的，就随他的意思。慧嶷也进入白鹿山（在河南辉县西），隐居修炼佛法去了。从此以后，京中和尚都从事修禅、念经，不再把讲经当作一回事。

出建春门外一里多，就到了东石桥。

桥是南北走向，晋太康元年建造。桥南有魏朝时的马市（《文选》潘岳《闲居赋》说："面郊后市。"李善注引陆机

《洛阳记》说:"洛阳凡三市,……城中马市,在大城东。"),是处死嵇康的处所(《水经注》说:"建春门东、阳渠水南即马市,旧洛阳有三市,斯其一也。亦嵇叔夜为司马昭所害处也。")。

桥北大路西有建阳里,大路东有绥民里。里内有河间刘宣明的住宅。

神龟(神龟是肃宗孝明帝年号,即518年)年中,刘宣明因为直谏触犯圣旨,在集市上被斩杀。他死后眼睛不闭,尸体走了百步,当时的人纷纷议论,认为他是冤枉的。刘宣明年轻的时候就很有声誉,精通经史,正直的行为致其被诛。

○魏昌尼寺,阉官瀛州刺史李次寿所立也。在里东南角。

即中朝牛马市处也,刑嵇康之所。

东临石桥。

此桥南北行,晋太康元年中朝时市南桥也。澄之等盖见此桥铭,因而以桥为太康初造也。

【今译】

魏昌尼寺,是宦官瀛州刺史李次寿(《魏书》卷九十四及《北史》卷九十二有本传曰:李坚字次寿,高阳易〔今河北雄县西〕人。魏高宗初,坐事为阉人,稍迁至中给事中,赐爵魏昌伯。世宗初,从太仆寺卿出为瀛州刺史。瀛州,今河北河间县）所建造的。在里（里即建阳里）的东南角。

就是晋朝的马市，处死嵇康的地方。

东面靠近石桥。

这座桥是从南通向北的，是晋朝太康元年的市南桥。刘澄之等大概看见过这座桥上刻的铭文，因此认为桥是太康初年造的（《水经注》云："桥南有二石柱，并无文刻也。"所以杨衒之说刘澄之可能是因为看见这桥的铭文而如此认定）。

○石桥南道有景兴尼寺，亦阉官等所共立也。有金像辇，去地三丈，上施宝盖，四面垂金铃、七宝珠，飞天伎乐，望之云表。作工甚精，难可扬榷。像出之日，常诏羽林一百人举此像，丝竹杂伎，皆由旨给。

建阳里东有绥民里，里内有洛阳县，临渠水。县门外有洛阳令杨机清德碑。绥民里东，有崇义里。里内有京兆人杜子休宅。

地形显敞，门临御道。时有隐士赵逸，云是晋武时人，晋朝旧事，多所记录。正光初来至京师，见子休宅，叹息曰："此宅中朝时太康寺也。"时人未之信，遂问寺之由绪。逸云："龙骧将军王濬平吴之后，始立此寺。本有三层浮图，用砖为之。"指子休园中曰："此是故处。"子休掘而验之，果得砖数万。并有石铭云："晋太康六年岁次乙巳九月甲戌朔八日辛巳,仪同三司襄阳侯王濬敬造。"时园中果菜丰蔚,林木扶疏,乃服逸言,号为圣人。子休遂舍宅为灵应寺。所得之砖,还为三层浮图。好事者遂寻问晋朝京师何如今日。逸曰:"晋时民少于今日,王侯第宅与今日相似。"又云:"自永嘉已来二百余年,建国称王者十有六君,吾皆游其都邑,目见其事。国灭之后,观其史书,皆非实录,莫不推过于人,引善自向。苻生虽好勇嗜酒,亦仁而不杀。观其治典,未为凶暴。及详其史,天下之恶皆归焉。苻坚自是贤主,贼君取位,妄书君恶。凡诸史官,皆是类也。人皆贵远贱近,以为信然。当今之人,亦生愚死智,惑已甚矣。"人问其故,逸曰:"生时中庸之人耳,及其死也,碑文墓志莫不穷天地之大德,尽生民之能事,为君共尧舜连衡,为臣与伊皋等迹。牧民之官,浮虎慕其清尘;执法之吏,埋轮谢其梗直。所谓生为盗跖,死为夷齐,佞言伤正,华辞损实。"当时构文之士,惭逸此言。步兵校尉李澄问曰:"太尉府前砖浮图,形制甚古,犹未崩毁,未知早晚造?"逸云:"晋义熙十二年,刘裕伐姚泓,军人所作。"汝南王闻而异之,拜为义父。因而问何所服饵,以致长年。逸云:"吾不闲养生,自然长寿。郭璞尝为吾筮云,寿年五百岁,今始逾半。"帝给步挽车一乘,游于市里。所经之处,多记旧迹。三年以后遁去，莫知所在。

崇义里东有七里桥，以石为之。

中朝时，杜预之荆州，出顿之所也。

七里桥东一里，郭门开三道，时人号为三门。

离别者多云："相送三门外。"京师士子，送去迎归，常在此处。

【今译】

景兴尼寺在建阳里石桥南道，也是宦官们共同建造的。寺内有金的佛像，金的佛辇（佛坐而人推的车），高约三丈。上面有宝盖，四面垂挂金铃、七宝（七宝，指金、银、琉璃、颇梨、珊瑚、玛瑙、砗磲。不同的经书对"七宝"有不同的说法）珠，还有飞天伎乐（飞天伎乐，指飞在天上的使用各种技艺乐器的佛的侍从），望上去似在云外。做工很美，难以描述其大概。佛像出来巡游这天，皇上经常下诏书，命令羽林军士一百人抬着佛像，用弦乐器和竹管乐器演奏和耍杂技的人跟着，都是皇帝下旨派来的。

建阳里的东面有绥民里，里内有洛阳县，临渠水（即阳渠）。县门外有洛阳令杨机（《魏书》卷七十七有传，称杨机字显略，天水冀〔今甘肃甘谷县南〕人。少有志节，为士流所称。延昌中，〔世宗宣武帝年号，为513年〕行河阴县〔今河南孟津县东〕事，当官正色，不避权势，明达政事，断狱以情，甚有声誉。熙平中〔熙平为肃宗孝明帝年号，即517年〕……转洛阳令，京辇服其威凤，希有干犯。……家贫无马，多乘小犊车，时论许其清白。永熙末〔永熙为孝武帝年号，即533年〕杨机为高欢所杀，年五十九〕清德碑。绥民里东面有崇义里，里内有杜子休住宅。

这里地形开阔宽敞，门靠御路。时有隐士赵逸（《魏书》卷五十二本传称："赵逸，字思群，天水〔今属甘肃省〕人……父昌，石勒黄门郎。逸好学夙成，仕姚兴，历中书侍郎，为兴将齐难军司，征赫连屈丐。难败，为屈丐所虏，拜著作郎。世祖平统万，见逸所著，曰：'此竖无道，安得为此言乎？作者谁也？其速推之。'司徒崔浩进曰：'彼之谬述，亦犹子云〔扬雄〕之美新〔王莽称新〕。皇王之道，固宜容之。'世祖乃止。拜中书侍郎。神䴥三年〔魏太武帝年号，即430年〕三月上巳，帝幸白虎殿，命百僚赋诗。逸制诗序，时称为善。久之，拜宁朔将军，赤城〔今河北宣化〕镇将，绥和荒服，十有余年，百姓安之。频表乞免，久乃见许。性好坟典，白首弥勤，年逾七十，手不释卷。……逸兄温，字思恭。博学有高名，为姚泓天水太守。刘裕灭泓，遂没于氐……"原来赵逸的父亲赵昌，在石勒手下做官，石勒是羯族，赵逸在姚兴手下做官，姚兴是羌族，他为赫连所擒，赫连是蒙古族，又为后魏世祖所擒，后魏为鲜卑族，其兄赵温没入氐族，这样他对五胡都有所认识。他小时生在晋朝，对晋朝事也有所了解。他只活了七十多岁，却自称已活了二百数十岁，想来他善于夸饰，故多引本传的话来掩饰他的真相）说是晋武帝时人，晋朝旧事，他多有记录。正光

（肃宗孝明帝年号，即520年）初，赵逸来到京师，看见杜子休住宅，叹息说："这个住宅是晋朝的太康寺。"当时人没有相信的，就问这座寺的由来。赵逸说："龙骧将军王濬平吴以后（《晋书》卷四十二有传，王濬字士治，弘农湖〔今河南阌乡县东〕人。晋武帝太康元年二月平吴，以功拜辅国大将军，封襄阳县侯。后又转抚军大将军，开府仪同三司。太康六年辛），开始建造这座寺。本来有三层砖砌的宝塔。"他又指着子休的园子说："这是建塔的旧处。"子休掘地来检验他的话，果真得到几万块砖，并且有石铭说："晋太康六年岁次辛巳九月甲戌朔八日辛巳（太康六年即285年。这年的九月朔是丙辰，不是甲戌，大概是记错了），仪同三司襄阳侯王濬敬造。"当时园中果菜丰美，树木茂盛，时人于是才信服赵逸的话，称他为圣人。子休则捐献了住宅，改成了灵应寺，所得到的砖，又砌成了三层宝塔。好事的人就追问晋朝的京城比现在怎样。赵逸说："晋朝时人比现在少，王侯住宅与现在相似。"又说："自从永嘉以来二百多年，建立国家称王的有十六个君主（指五胡十六国），我都游历过他们的都城，亲眼见过他们的事。国家灭亡以后，看他们的史书，都不是真实的记录，全都把过失推到别人身上，把善事归给自己。苻生虽然好逞勇武爱好喝酒，但也是仁慈不杀人的。看他治理国家，不算凶恶暴虐，但仔细看关于他的史书，却把天下凶恶的事都归于他（按苻生讲他的治典，当然不讲杀人。然《晋书·载记》写伪中书监胡文、中书令王鱼对生曰："比频有客星孛于大角，荧惑入于东井。……于占不出三年，国有大丧，大臣戮死。……于是杀其妻梁氏及太傅毛贵、车骑尚书令梁楞、左仆射梁安。未几，又诛侍中丞相雷弱儿及其九子二十七孙。"赵逸不看他杀了许多人的事实，只就他的治典说，未免不确）。苻坚自然是一位贤明的君王，但他杀害君主，夺取帝位，乱写前君主的罪恶，大凡许多史官，都是这样做的。人们都贵远贱近，以为史书都确实可信。当今的人，也是活着是愚蠢的，死后才得智慧，受蒙蔽实在已经很厉害了。"别人问他这样说的缘故，赵逸说："活着是平庸的人罢了，到他死后，碑上的文辞，墓上的志书，没有不穷尽天地间大的德行的，尽是生民的能耐。他是做国君的，就同尧、舜相比；他是做臣子的，就同伊尹、皋陶等同。治民的官，刘昆都要羡慕他的清廉，执法的官，张纲都要因他的梗直而惭愧（《后汉书·刘昆传》载："崤黾驿道多虎灾，行旅不通。"及刘昆为弘农太守，"为政三年，仁化大行，虎皆负子度〔渡〕河。"使其地免受虎患。《后汉书·张纲传》载："汉安元年，选遣八使徇行风俗，皆耆儒知名，多历显位，唯纲年少，官次最微。余人受命之部，而纲独埋其轮于洛阳都亭，曰：'豺狼当路，安问狐狸！'"遂上书弹劾大将军梁冀及其弟梁不疑，京师为之震惊）。这就是人们所说的，活着的时候是盗跖，死了就成了伯夷、叔齐。佞幸的话伤害正直，华美的文辞损伤真实。"当时写文章的士子，听到赵逸这些话都感到惭愧。步兵校尉李澄问道："太尉府前面的砖造宝塔，形制很古老，还没有倒塌，不知道是什么时候造的？"赵逸说："晋义熙十二年，刘裕攻打姚泓时（义熙是晋安帝年号，十二年即416年。其年八月，刘裕讨伐姚泓，十月众军到洛阳，姚泓之将姚光投降），军人所造的。"汝南王元悦听说了赵逸的故事很惊奇，于是拜他为义父，并问他吃什么东西可以长寿。赵逸说："我不讲养生，是自然长寿。郭璞（《晋书》卷七十二本传说，郭璞字景纯，河东闻喜〔今属山西省〕人。妙于阴阳卜筮，后为王敦所杀。）曾经替我卜卦说，我能活五百岁。现在才刚过一半。"（按《魏书》说赵逸当时七十多岁，赵逸说二百几十岁，是骗人的话）皇帝曾赐给他步挽车一辆，他经常游于市里，在所经过的处所，多讲过去的事。三年以后，他离开了，众人都不知道他去了哪里。

崇义里东面有七里桥，是用石头造的。

晋朝时，杜预到荆州，七里桥是他在外驻扎的处所。

七里桥东面一里，城门开了三道，当时人称作三门。

离别的人多说："相送三门外。"京都士子，送往迎来，常在这里。

○庄严寺在东阳门外一里御道北，所谓东安里也。北为租场。里内有驸马都尉司马悦、济州刺史刁宣、幽州刺史李真奴、豫州刺史公孙骧等四宅。

【今译】

庄严寺，在东阳门外一里御路北面，叫东安里的地方。它北面是租场。里内有驸马都尉司马悦(《魏书》卷三十七有传称,司马悦,字庆宗,为司马楚之之孙,不言尚主。子朏,尚世宗妹华阳公主,拜驸马都尉)、济州刺史刁宣(《魏书》卷三十八《刁雍传》后附《刁双传》中:"略姊饶安公主,刁宣妻也。"刁宣是元略的姊夫。济州,在山东茌平县西南)、幽州刺史李真奴(《魏书》卷四十六称"李诉字元盛,小名真奴,范阳〔今河北定兴县南〕人也。"史不言其为幽州刺史。父崇尝为幽州刺史。幽州在今北京大兴县西南)、豫州刺史公孙骧(豫州,今河南沁阳县。公孙骧,不详)四家住宅。

○秦太上君寺,胡太后所立也。

当时太后正号崇训,母仪天下,号父为"秦太上公",母为"秦太上君"。为母追福,因以名焉。

在东阳门外二里御道北,所谓晖文里。

里内有太保崔光、太傅李延寔、冀州刺史李韶、秘书监郑道昭等四宅。并丰堂崛起,高门洞开。赵逸云:"晖文里是晋马道里,延寔宅是蜀主刘禅宅,延寔宅东有修和宅,是吴主孙皓宅,李韶宅是晋司空张华宅。"

中有五层浮图一所,修刹入云,高门向街,佛事庄饰,等于永宁。诵室禅堂,周流重叠。花林芳草,遍满阶墀。常有大德名僧讲一切经。受业沙门,亦有千数。

太傅李延寔者，庄帝舅也。永安年中除青州刺史，临去奉辞，帝谓寔曰："怀砖之俗，世号难治；舅宜好用心，副朝廷所委。"寔答曰："臣年迫桑榆，气同朝露，人间稍远，日近松丘。臣已久乞闲退，陛下渭阳兴念，宠及老臣，使夜行罪人，裁锦万里，谨奉明敕，不敢失坠。"时黄门侍郎杨宽在帝侧，不晓怀砖之义，私问舍人温子昇。子昇曰："吾闻至尊兄彭城王作青州刺史，问其宾客从至青州者，云：齐土之民，风俗浅薄，虚论高谈，专在荣利。太守初欲入境，皆怀砖叩首，以美其意；及其代下还家，以砖击之。言其向背速于反掌。是以京师谣语曰：'狱中无系囚，舍内无青州。假令家道恶，肠中不怀愁。'怀砖之义起在于此也。"

颖川荀济，风流名士，高鉴妙识，独出当世。清河崔叔仁称齐士大夫，曰："齐人外矫仁义，内怀鄙吝；轻同羽毛，利等锥刀。好驰虚誉，阿附成名，威势所在，侧肩竞入，求其荣利，甜然浓泗。譬于四方，慕势最甚。"号齐士子为"慕势诸郎"。临淄官徒布在京邑，闻怀砖慕势，咸共耻之，唯崔孝忠一人不以为意。问其故，孝忠曰："营丘风俗，太公余化，稷下儒林，礼义所出。今虽凌迟，足为天下模楷。荀济人非许郭，不识东家，虽复莠言自口，未宜荣辱也。"

【今译】

秦太上君寺，是胡太后建造的（寺的修造是刘腾规划的，见《魏书·刘腾传》）。

当时太后的称号是崇训（《晋书·孝武帝纪》说：太元十九年〔394年〕，尊皇太妃李氏为皇太后，宫曰崇训。按北魏肃宗即位，曾经尊胡太后为皇太妃，后又尊为皇太后，这跟《晋书》相同，所以用崇训做号。魏胡昭仪墓志说："昭仪为宣武皇帝崇训皇太后之从侄。"可见魏人已经开始用"崇训"来称胡太后了），母仪天下，尊父亲为"秦太上公"（太后父胡国珍，神龟元年〔518年〕死，赠太上秦公。因为他做过雍州刺史，故号称"秦公"。当时张普惠以为前世后父无"太上"之号，上疏说不可用，竟不从），母亲为"秦太上君"（太后母景明三年〔502年〕死，追赠秦太上君）。她为母亲祈求冥福，因此取了这样一个寺名。

这座寺院在东阳门外二里御道北面，叫晖文里的地方。里内有太保崔光（崔光，字长仁，东清河鄃〔今山东平原县西南〕人。肃宗正光元年为司徒，三年〔522年〕九月进位太保。见《魏书》卷六十七本传）、太傅李延寔（李延寔，字禧，陇西〔今属甘肃省〕人。庄帝即位，授太傅。见《魏书》卷八十三下本传）、冀州刺史李韶（李韶字元伯，狄道〔今属甘肃省〕人。肃宗时为冀州刺史。见《魏书》卷三十九本传。冀州今为河北冀县）、秘书监郑道昭（道昭，字僖伯，少而好学，综览群言，后拜秘书监等职。见《魏书》卷五十六《郑羲传》）四人的住宅。这些宅第都是厅堂耸立，高门敞开。赵逸说："晖文里是晋朝的马道里，延寔宅是原先蜀主刘禅的住宅，延寔宅东有崔修和宅，原先是吴主孙皓的住宅，李韶宅是原先晋司空张华的住宅。"

寺院中间有五层宝塔一座。高塔耸入云内，高门向着街道。佛像修饰得十分庄严，不亚于永宁寺。念经房和坐禅堂，四周皆是；花树香草，充满庭院中的阶石上，经常有大德名僧来讲一切经，受业的和尚也有千数人。

太傅李延寔，是庄帝舅父（按李延寔是李冲的长子，庄帝是彭城王元勰的第三子，元勰妃李氏即李冲之女，所以李延寔是庄帝之舅）。永安（敬宗孝庄帝年号，即529年）年中，任青州刺史（青州在今山东广饶县）。他临走时向庄帝辞行，庄帝对他说："怀砖的风俗，世上称难以治理；舅舅应好好用心，才对得起朝廷的委托。"延寔对答道："老臣已近暮年，生命同于早上的露水，我离人世越来越远，却一天天接近松丘（指代坟墓）。我已经久请赋闲隐退，陛下顾念舅氏，宠及老臣，使我这个已老仍居高官的罪人，仍在万里外为官（《三国志·魏志》卷二十六《田豫传》："豫书答曰：'年过七十而以居位，譬犹钟鸣漏尽，而夜行不休，是罪人也。'"《左传·襄公三十一年》："子皮欲使尹何为邑。……子产曰：'不可。子有美锦，不使人学制焉。'"）。我一定谨慎地服从您圣明的教令，不敢怠慢。"当时黄门侍郎杨宽（《周书》卷二十二本传说："杨宽，字景仁，弘农华阴〔今属陕西省〕人。孝庄践阼，拜通直散骑侍郎。……孝武初，改授散骑常侍，给事黄门侍郎。"庄帝时，他做通直散骑侍郎）在庄帝身旁，不懂怀砖的含义，私下问舍人温子昇（《魏书》卷八十五本传：温子昇，字鹏举，太原人），温子昇说："我听说陛下的哥哥彭城王元劭做青州刺史时，曾问过跟着他到青州的宾客，宾客说：齐国地方的居民，风俗浅薄，高谈空话，专心于荣华好处。太守刚要入境时，都揣着砖对太守磕头，用来表示对太守的好意。等到接替的人下来，前任太守要回家时，就用砖来攻击他。赞美他和背弃他快得像翻手掌。因此京城里有谣谚说：'狱中无系囚，舍内无青州。假令家道恶，腹中不怀愁。'（狱里有系囚，指新官上任，囚犯就翻案，新官就说你不好。家里用了青州人，你一下台，他就用砖攻击你。所以要是狱里无囚，家里无青州人，就不用愁了。）怀砖的意义就从这里来的。"

颍川人荀济（《北史》卷八十三本传："荀济字子通，其先颍川〔今河南临颍县〕人。"），是风流名士，有超人的见解、高妙的认识，在当世出类拔萃。清河（清河，当在今山东清平县）崔叔仁称道齐国的士大夫，荀济反驳说："齐国人对外矫讲仁义，内心却怀有鄙吝之念，轻视仁义，如同羽毛，争夺财利，就像锥刀。爱好虚名，依附权势，威势所在，侧着肩争着进去，求得荣华和财利，认为比泗水更甜美（一说浓泗指浓鼻涕，即以浓鼻涕为甜美）。同四方来比，齐国人慕势最厉害。"并称齐国士人为"慕势诸郎"。因此在京城做官的临淄人，听见怀砖慕势，都认为可耻，而只有崔孝忠（《魏书》卷五十七《崔挺传》附：孝忠，为博陵安平〔今属河北省〕人）一人不以为意。问他缘故，孝忠说："营丘

(《水经注》二十六淄水条注:"今临淄城内有丘,在小城内,周回三百步,淄水出其前,故有营丘之名。")风俗,是姜太公遗留的教化;稷下(齐有稷城门,稷下为文人学士聚集地)儒林,是礼义所出之地。如今虽然倒退,但还足够做天下的模范。荀济为人,不是许劭、郭泰(《后汉书》有《郭泰传》,称他"好奖训士类";又有《许劭传》:"好人伦,多所赏识。"所以《后汉书》《三国志》里以许、郭为评论人物的人),不识东家(孔子的西家,有人不知孔子为圣人,称他为东家丘,见《孔子家语》),虽然有不好的话从他嘴里出来,不该认为是耻辱(荣辱,这里是偏义复词,耻辱的意思)。"

〇正始寺,百官等所立也。

正始中立,因以为名。

在东阳门外御道南,所谓敬义里也。

里内有典虞曹。

檐宇清净,美于丛林,众僧房前,高林对牖,青松绿柽,连枝交映。多有枳树,而不中食。有石碑一枚,背上有侍中崔光施钱四十万,陈留侯李崇施钱二十万,自余百官各有差,少者不减五千已下。后人刊之。

敬义里南有昭德里。里内有尚书仆射游肇、御史中尉李彪、七兵尚书崔休、幽州刺史常景、司农张伦等五宅。

彪、景出自儒生,居室俭素,唯伦最为豪侈。斋宇光丽,服玩精奇,车马出入,逾于邦君。园林山池之美,诸王莫及。伦造景阳山,有若自然。其中重岩复岭,欹崟相属。深溪洞壑,逦迤连接。高林巨树,足使日月蔽亏;悬葛垂萝,能令风烟出入。崎岖石路,似壅而通;峥嵘涧道,盘纡复直。是以山情野兴之士,游以忘归。天水人姜质,志性疏诞,麻衣葛巾,有逸民之操。见伦山爱之,如不能已,遂造《庭山赋》,行传于世。其辞曰:

"夫偏重者,爱昔先民之由朴由纯,然则纯朴之体,与造化而梁津。濠上之客,柱下之史,悟无为以明心,托自然以图志。辄以山水为富,不以章甫为贵,任性浮沉,若淡兮无味。今司农张氏,实踵其人,巨量焕于物表,夭矫洞达其真,青松未胜其洁,白玉不比其珍。心托空而栖有,情人古以如新。既不专流宕,又不偏华尚,卜居动静之间,不以山水为忘,庭起半丘半壑,听以目达心想。进不入声荣,退不为隐放。尔乃决石通泉,拔岭岩前,斜与危云等并,旁与曲栋相连。下天津之高雾,纳沧海之远烟,纤列之状一如古,崩剥之势似千年。若乃绝岭悬坡,蹭蹬蹉跎,泉水纡徐如浪峭,山石高下复危多。五寻百拔,十步千过,则知巫山弗及,未审蓬莱如何。其中烟花露草,或倾或倒，霜干风枝，半耸半垂，玉叶金茎，散满阶坪。然目之绮，裂鼻之馨，既共阳春等茂，复与白雪齐清。或言神明之骨，阴阳之精，天地未觉生此，异人焉识其名？羽徒纷泊，色杂苍黄，绿头紫颊，好翠连芳，白鹢生于异县，丹足出自他乡。皆远来以臻此，借水木以翱翔。不忆春于沙漠，遂忘秋于高阳。非斯人之感至，何候鸟之迷方？岂下俗之所务，实神怪之异趣。能造者其必诗，敢往者无不赋。或就饶风之地，或入多云之处。□菊岭与梅岑，随春秋之所悟。远为神仙所赏，近为朝士所知，求解脱于服佩，预参次于山陲。子英游鱼于玉质，王乔系鹄于松枝。方丈不足以妙□，咏歌此处态多奇。嗣宗闻之动魄，叔夜听此惊魂。恨不能钻地一出，醉此山门。别有王孙公子，逊遁容仪，思山念水，命驾相随，逢岑爱曲，值石陵欹。庭为仁智之田，故能种此石山。森罗兮草木，长育兮风烟。孤松既能却老，半石亦可留年。若不坐卧兮于其侧，春夏兮共游陟。白骨兮徒自朽，方寸兮何所忆？"

【今译】

正始寺，是百官所建造的。

正始（世宗宣武帝年号，即504年）年间建造的，因此用"正始"作名称。

在东阳门外御路南,就是人们所说的敬义里。

敬义里内有典虞曹(《晋书·职官志》有"典虞",属于太仆管的。典虞曹,掌管虞人〔管山泽的官〕的部门)。

寺中房屋清净,比众庙都美。众僧房前,高树对窗,有青松绿柽(柽,赤茎的杨树),树枝相连,交相辉映。其中多有枳树,但结的果实不能吃。有石碑一块,背面上刻着:侍中崔光(崔光见前注。世宗即位,就封他做了侍中)捐钱四十万,陈留侯李崇(《魏书》卷六十六《李崇传》:李崇字继长,小名继伯,顿丘〔当在今河南省〕人。袭爵陈留侯。陈留在今河南省)捐钱二十万,其余百官捐的钱各稍有差别,最少的不低于五千。后人将这些刻在碑上。

敬义里的南面有昭德里。里内有尚书仆射游肇(《魏书》卷五十五本传称:游肇,字伯始,广平任〔今河北任县东南〕人。肃宗时,官尚书右仆射)、御史中尉李彪(彪见原序注)、七兵尚书崔休(曹魏有五兵尚书,指中兵、外兵、骑兵、别兵、都兵,为五兵,后分中兵、外兵为左右,因称七兵。崔休,字惠盛,清河〔今属河北省〕人。肃宗时为七兵尚书。《魏书》卷六十九有传)、幽州刺史常景(见卷一注)、司农张伦(张伦,字天念,上谷沮阳〔今河北怀来县南〕人,孝庄初拜大司农卿。《魏书》卷二十四有传)五人的住宅。

李彪、常景是儒生出身,居室俭朴,只有张伦的最为豪华。房屋光亮美丽,衣服古玩精奇,车马出进,胜过小国国君。园林山池的美好,诸王都不能比。张伦所造的景阳山,有如自然生成的。其中重叠的岩,连绵的岭,高耸相连(嶔崟,指高）。深溪幽谷，互相连接。高耸的树林，粗大的树木，足以遮住日光和月光；高悬的葛藤和下垂的女萝，仿佛能吞吐风烟云雾。高高低低的石路，好像阻塞，却是通的。高峻深幽的溪流，曲折但又像直的。所以有山野情趣的士子，游玩了就忘记回去。天水人姜质（《魏书》卷七十九《成淹传》说，成淹的儿子成霄同姜质相好，"知音之士，共所嗤笑"。他们的诗赋，都是被人嗤笑的），性情放达不羁，他穿的是麻衣，戴的是葛巾，有逸民（逸民，指避世隐居的人）的节操。他看见张伦建造的景阳山，非常喜爱，好像不能自已，于是作了《庭山赋》（张伦的山造在庭院里，所以称为庭山），流传在世上。赋文说：

"我所特别看重的，是从前人民的质朴精纯，那么纯朴的本质，是通向自然的桥梁津渡。在濠水桥上的客人，与柱下的史官，懂得用无为来表明心迹（津是渡口。庄子与惠子游于濠水桥上。老子做过柱下史），托自然来描绘志向。他们往往以山水为富，不以仕宦为贵，任凭人生浮沉，仿佛都淡而无味。今司农张氏，确实是继承了他们这些品行的人。他宽宏的气量，焕发在世俗之外，自得地通达它的率真，青松没有胜过他的高洁，白玉比不上他的珍贵。心是寄托于空而又不离有，情是入于古而又赋予新意。既不专在放荡不羁，又不偏在华丽的崇尚。选择居处在动静的中间，不因山水而遗忘一切。在庭院里修筑了半个丘、半个壑，顺从眼观心想。在朝做官不追求声望的显耀，退出朝廷不当作隐居流放。于是开石通泉，山岭在岩石前突起。倾斜处与高空的云相并，旁同深幽的房舍接连。落下银河的高雾，接纳沧海的远烟。山中纤裂的形状像很古老了，崩下剥露的姿势像有一千年。断裂的山岭、陡峻的山坡，都难以攀登；泉水纤曲像波浪峭拔，山上石头高低，危险又多。五寻的路要经百次攀登，十步路却是要跨越千次屏障。于是知道巫山不及它，不知道蓬莱怎样。其中烟花露草，或者倾覆或者倒伏。霜打的干，风吹的枝，一半耸立，一半下垂。玉作叶，金作茎，散满在阶坪。耀眼的绮丽，扑鼻的芳馨。既有与阳春相等的茂盛，又有与白雪相齐的洁清。有人说这是神明的骨，阴阳的精。天地间不知不觉生长出这种珍木奇卉，人鬼又怎能识它的名？鸟儿翩飞，色调夹杂苍和黄，头上绿，颊上紫，喜欢鲜明的色彩和芳草。白鹤生在异县，丹脚鸟出自他乡，都从远处来到此地，靠水木来翱翔。它们不回忆在沙漠的春天，也就忘掉了在高阳的秋天。如果不是人们对此地动情到了极点，候鸟何以会迷失方向？这里岂是下俗的人所追求的地方，实在是神仙异人的乐趣所向。能到这里造访的一定会吟诗，敢于来的一定会作赋。或者即近多风之地，或者进入多云之处。到菊岭与梅岭，跟随春或秋而有所感悟。这里远的为神仙赞赏，近的为朝廷士子所知。他们追求解脱职务，想要参与参差的山陲生活。子英把游鱼放在玉水，王乔把黄鹄系在松枝（《列仙传》云："子英者，舒乡人也。善入水捕鱼。得赤鲤，爱其色好，持归著池中，数以米谷食之。一年长丈余，遂生角，有翅翼。子英怪异，拜谢之。鱼言：'我来迎汝，汝上我背，与汝俱升天。'即大雨，子英上其背，腾升而去。"

《列仙传》云:"王子乔者,周灵王太子晋也。好吹笙,作凤鸣,游伊、洛之间。道人浮丘公接以上嵩高山。三十余年后,求之于山上,见桓良曰:'告我家七月七日待我于缑氏山巅。'至时,果乘白鹤驻山头,望之不得到。举手谢时人,数日而去。"）。方丈仙山也不足以与它比妙（《文选》孙绰《游天台山赋序》云:"涉海则有方丈、蓬莱。"方丈指仙山,此言仙山还不能比),咏歌的是此处姿态多奇。嗣宗闻之动魄,叔夜听此惊魂（嗣宗,阮籍字。叔夜,嵇康字。写二人听此必为之惊动)。恨不能钻地一出,醉在这里的山门。另外有王孙公子,为逃避礼容礼仪,思念山水,命令车子跟着到这山里来。碰到山岑,爱它的曲折,碰到石头,就登上倾斜的险处玩赏。这庭院是仁智的田地,所以能种出这座石山。茂盛的草木,长年培育风烟。孤立的松树,既然能够推迟人的衰老,那半块石头也可以使人延年。倘若不是坐卧在它的旁边,春天夏天一同来游玩,就成了白骨自己徒然枯朽,心里又有什么值得回忆?"

○平等寺,广平武穆王怀舍宅所立也。在青阳门外二里御道北,所谓孝敬里也。堂宇宏美,林木萧森,平台复道,独显当世。寺门外有金像一躯,高二丈八尺,相好端严,常有神验,国之吉凶,先炳祥异。

孝昌三年十二月中,此像面有悲容,两目垂泪,遍体皆湿，时人号曰佛汗。京师士女空市里往而观之。有一比丘，以净绵拭其泪，须臾之间，绵湿都尽。更换以它绵，俄然复湿。如此三日乃止。明年四月，尔朱荣入洛阳，诛戮百官，死亡涂地。永安二年三月，此像复汗，京邑士庶复往观之。五月，北海王入洛，庄帝北巡。七月，北海王大败，所将江淮子弟五千，尽被俘虏，无一得还。永安三年七月，此像悲泣如初。每经神验，朝野惶惧，禁人不听观之。至十二月，尔朱兆入洛阳，擒庄帝。帝崩于晋阳。在京宫殿空虚，百日无主，唯尚书令司州牧乐平王尔朱世隆镇京师。商旅四通，盗贼不作。

建明二年，长广王从晋阳赴京师，至郭外，世隆以长广本枝疏远，政行无闻，逼禅与广陵王恭。恭是庄帝从父兄也。正光中为黄门侍郎，见元乂秉权，政归近习，遂佯哑不语，不预世事。永安中遁于上洛山中，州刺史泉企执而送之。庄帝疑恭奸诈，夜遣人盗掠衣物，复拔刀剑欲杀之，恭张口以手指舌，竟乃不言。庄帝信其真患，放令归第。恭常住龙华寺，至是，世隆等废长广而立焉。禅文曰："皇帝咨广陵王恭，自我皇魏之有天下也，累圣开辅，重基衍业，奄有万邦，光宅四海，故道溢百王，德渐无外。而孝明晏驾，人神乏主。故柱国大将军大丞相太原王荣，地实封陕，任唯外相，乃心王室，大惧崩沦，故推立长乐王子攸以续绝业。庶九鼎之命日隆，七百之祚唯永。然群飞未宁，横流且及，皆狼顾鸱张，岳立棋峙。丞相一麾，大定海内。而子攸不顾宗社，仇忌勋德，招聚轻侠，左右壬人，遂虐甚剖心，痛齐钳齿。岂直金版告怨，大鸟感德而已！于是天下之望，俄然已移。窃以宸极不可久旷，神器岂容无主？故权从众议，暂驭兆民。今六军南迈，已次河浦，瞻望帝京，赧然兴愧。自唯寡薄，本枝疏远，岂宜仰异天情，俯乖民望？唯王德表生民，声高万古，往以运属殷忧，时遭多难，卷怀积载，括囊有年。今天眷明德，民怀奥主，历数允集，歌讼同臻。乃徐发枢机，副兹伫属。便敬奉玺绶，归于别邸。王其寅践成业，允执其中，虽休勿休，日慎一日，敬之哉！"恭让曰："天命至重，历数匪轻，自非德协三才，功济四海，无以入选帝图，允当师锡。臣既寡昧，识无先远，景命虽降，不敢仰承。乞收成旨，以允愚衷。"又曰："王既德膺图箓，金册攸归，便可允执其中，入光大麓。不劳挥逊，致爽人神。"恭凡让者三，于是即皇帝位，改号曰普泰。黄门侍郎邢子才为赦文，叙述庄帝枉杀太原王之状，广陵王曰："永安手翦强臣，非为失德；直以天未厌乱，故逢成济之祸。"谓左右："将笔来，朕自作之。"直言门下："朕以寡德，运属乐推，思与亿兆同兹大庆。肆眚之科,一依恒式。"广陵杜口八载,至是始言,海内士庶,咸称圣君。于是封长广为东海王。世隆加仪同三司、尚书令、乐平王,余官如故。赠太原王相国晋王,加九锡,立庙于芒岭首阳。上旧有周公庙,世隆欲以太原王功比周公,故立此庙。庙成,为火所灾。有一柱焚之不尽,后三日雷雨震电,霹雳击为数段,柱下石及庙瓦皆碎于山下。复命百官议太原王配飨。司直刘季明议云不合。世隆问其故,季明曰:"若配世宗,于宣武无功;若配孝明,亲害其母;若配庄帝,为臣不终,为庄帝所戮。以此论之,无所配也。"世隆怒曰:"卿亦合死!"季明曰:"下官既为议臣,依礼而言,不合圣心,俘馘唯命。"议者咸叹季明不避强御,莫不叹伏焉。世隆既有忿言,季明终得无患。初世隆北叛,庄帝遣安东将军史仵龙、平北将军杨文义各领兵三千守太行岭,侍中源子恭镇河内。及尔朱兆马首南向,仵龙、文义等率众先降,子恭见仵龙、文义等降,亦望风溃散。兆遂乘胜逐北,直入京师,兵及阙下,矢流王室。至是论功,仵龙、文义各封一千户。广陵王曰:"仵龙、文义于王有勋,于国无功。"竟不许。时人称帝刚直。彭城王尔朱仲远,世隆之兄也,镇滑台,表用其下都督乙瑗为西兖州刺史,先用后表。广陵答:"已能近补,何劳远闻!"世隆侍宴,帝每言:"太原王贪天之功以为己力,罪亦合死。"世隆等愕然。自是已后，不敢复入朝。辄专擅国权，凶慝滋甚。坐持台省，家总万机，事无大小，先至隆第，然后施行。天子拱己南面，无所干预。

永熙元年，平阳王入纂大业，始造五层塔一所。

平阳王，武穆王少子。

诏中书侍郎魏收等为寺碑文。至二年二月五日土木毕功，帝率百僚作万僧会。其日寺门外有石像，无故自动，低头复举，竟日乃止。帝躬来礼拜，怪其诡异。中书舍人卢景宣曰："石立社移，上古有此，陛下何怪也？"帝乃还宫。七月中，帝为侍中斛斯椿所使，奔于长安。至十月终，而京师迁邺焉。

【今译】

平等寺，是广平武穆王元怀（广平武穆王元怀，孝文帝子，字宣义，谥曰武穆）捐出住宅建造的。在青阳门外二里御路北，即所谓孝敬里。其堂屋高大华美，林木茂密，有平台阁道，当世少有。寺门外有金佛像一尊，高二丈八尺（《冯翊王修平等寺碑》云："永平中，造定光铜像一区，高二丈八尺。永熙年金涂讫功，像在寺外，未得移……"），相貌端好，神态庄严，经常有神奇的应验，在国家的吉凶大事之前，会预先显现出祥瑞和怪异。

孝昌三年（肃宗年号，即527年）十二月中，这尊佛像面上显出悲伤的神情，两眼流泪，遍身都湿，当时人称为佛汗。京城的士子妇女都去观佛。有一个和尚，用干净棉花揩佛像的泪水，一会儿功夫，棉花都湿了，再换用别的棉花，一会儿又湿了。这样三天才停。第二年四月，尔朱荣进入洛阳，杀死百官，死人遍地。永安二年三月，这尊佛像再次出汗，京里士人庶民又去观佛。五月，北海王进入洛阳，庄帝到北地去巡视。七月，北海王大败，所统领的江淮子弟五千人，全部被俘虏，没有一人得以回去。永安三年七月，佛像再次悲伤落泪，像初次那样。每次都有神奇的应验，所以朝廷、民间都惊慌恐惧，禁止人民再去观佛。到十二月，尔朱兆进入洛阳，捉住庄帝，庄帝死在晋阳（见卷一永宁寺条）。京城宫殿空虚，百日无主，只有尚书司州牧乐平王尔朱世隆镇守京都（永安三年十月，即尔朱世隆与尔朱兆共立长广王元晔为帝，元晔乃以世隆为尚书令、乐平郡王、太傅，行司州牧。这时元晔还在晋阳，所以十二月由尔朱世隆镇京城）。商旅四通，盗匪无踪。

建明二年，长广王元晔从晋阳到京都，到达城外。世隆认为长广王离魏帝的本枝比较远，政绩德行不显，就逼他禅位给广陵王元恭（建明为长广王年号，二年为531年。长广王元晔因尔朱世隆立他为帝，所以要到京都来，没想到尔朱世隆又要他让位）。元恭是庄帝的从父兄。正光中（肃宗年号，约522年），元恭做黄门侍郎，看见元乂掌权，政权归于他亲近的人，于是假作哑巴，不再讲话，不参与世事。永安中（庄帝年号，约529年），他逃到上洛山里（上洛山在今陕西省商县），州刺史泉企捉住他送到京城。庄帝疑心他要诈，夜里派人抢了他的衣服和食物，又拔刀要杀他，元恭张口用手指舌，竟不说话。庄帝才相信他真是哑巴，放他回了家。元恭一直住在龙华寺，直到此时尔朱世隆废掉长广王元晔立他为帝。禅让文中说："皇帝咨（咨询、商量）广陵王元恭，自从我大魏拥有天下，累代的圣人开拓辅佐，奠定基础，广开事业，覆盖万国，光耀四海，所以道超过百王，德遍布四方。自从明帝去世，人神没有主人。已故的柱国大将军大丞相太原王尔朱荣，地位实在是同于周公、召公，他担任外相，忠心王朝，因为很怕王朝崩坏，所以立长乐王子攸来继承帝业。希望九鼎之命日益隆盛，七百年的基业可以永久。然而朝纲废弛，像鸟成群飞动没有安定，像海水横流将要冲及，朝廷内外却都如狼的回顾，鸱鸟的注视，山岳的耸立，棋子的对峙。有幸丞相尔朱荣一挥，海内大为安定。可是元子攸不顾祖宗社稷，仇忌功德，招聚死士和左右佞幸之人，于是他的暴虐过于剖心，带来的痛苦同于折断牙齿。岂但金版申告冤枉，大鸟感激德行而已（纣王因比干谏，剖其心杀之。范雎曾被魏人打断牙齿。夏桀杀关龙逢后，金版出地，告龙逢之怨。后汉杨震因冤屈死了，大鸟感激他的德行，在葬礼上悲鸣）！于是天下人的敬仰，很快就改变了。我认为北极星的位置不能长久空缺，天子之位岂能容许没有主人？所以我姑且听从众人的意见，暂时管理成兆的人民。现在尔朱世隆正率六军向南行动，已经驻扎在河浦，观望京城，令我心生惭愧。我思量自己德薄，离本枝又远，怎么能上有异于上天的意向，下不合于百姓的期望？唯有王的德行能成为百姓表率，声望高出万古，过去因为国家的命运可忧，时代遭逢多难，藏身多载，寡言有年。现在上天眷顾明德，人民怀念明主，全都聚集到这里，歌颂声同时到达。于是我缓缓地发表言论，符合上天、百姓的期望，谨奉上玉玺和绶带，容我归居另外的住处。广陵王敬践帝业，要妥当地执掌中正，即使该休息也不要休息，每天都非常谨慎，要警醒啊！"元恭推让说："天命最重要，历数不可轻视，倘若不是德行合于三才（三才指天道、地道、人道），功业成就遍布全国，就无从进入帝王的谱录，并得到众人推尊。臣既寡德暗昧，并无先远的见识，大命虽然降下，但不敢承担。请收回成命，以符合我愚暗的衷怀。"元晔又说："广陵王既然德应图箓，众人认为天命所归，便是可以妥当执掌中正，登上帝位的人。请不要再烦劳退让，以致失去人民和神道。"元恭接连推让三次，才即皇帝位，改年号为普泰。黄门侍郎邢子才（《北齐书》卷三十六本传称邢子才名邵，因为彭城王劭嫌名，就以字行）写了赦罪的文章，叙述庄帝枉杀太原王的情状。广陵王元恭说："永安（庄帝年号，指庄帝）亲手灭掉强横的臣子，不是失德；只是因为天命未到，上天没有厌恶动乱到想要结束，所以才会碰到成济似的祸害（魏高贵乡公曹髦去攻打司马昭，被成济刺杀，见《三国志·魏书》卷四。庄帝为尔朱兆所弑，故称成济之祸）。"于是对左右说："拿笔来，我自己来写。"他直接对门下省下诏："我缺少德行，只是碰上运气，众人乐于推戴我，所以想同众多百姓共享这个大庆。至于放赦罪人的条令，一切依照常规（肆眚，指赦免有罪的人）。"广陵王元恭闭口不言八年，到这时才开始说话，国内的士人和民众都称他为圣君。元恭封禅位的长广王元晔为东海王。给尔朱世隆加仪同三司（仪同三司，官名，非三公而给予三公同等待遇。三公指司马、司徒、司空），尚书令、乐平王，别的官职依旧。追赠太原王尔朱荣相国晋王，加赐给九锡（九锡指车马、衣服、乐则、朱户、纳陛〔指阶石〕、虎贲〔指勇士〕、弓矢、斧钺、秬鬯〔指酒具〕），在芒岭首阳山立庙。上面旧有周公庙，世隆要把太原王比作周公，所以在这里立庙。庙造成了，却遭受了火灾。有一根柱子没烧完，三天后，雷雨闪电，柱子被劈作几段，柱子下面的石头和庙上的瓦片都被雷击碎在山下。尔朱世隆又命令百官商议太原王配飨的事。司直刘季明说，不合礼制。尔朱世隆问他缘故，刘季明说："如果配飨世宗，他对宣武帝无功；如果配飨肃宗，他亲手害死了他的母亲；如果配飨庄帝，他作为臣子没有始终，被庄帝所杀。这样说来，没有能配飨的。"尔朱世隆发怒道："你也该死！"刘季明说："下官既做议臣，就要依照礼制来说话，既然不合于圣心，是抓是杀只听您的命令。"议论的人都感慨刘季明不避强暴，没有不叹服的。尔朱世隆虽然说了气话，但刘季明最终没有遇难。当初，尔朱世隆在北方叛变，庄帝派安东将军史仵龙、平北将军杨文义各自带领三千兵马守住太行岭，派侍中源子恭镇守河内。尔朱兆向南进兵时，史仵龙、杨文义先率领众兵投降了，源子恭看见仵龙、文义投降，敌军气势很盛,就溃散逃跑了。尔朱兆随即乘着胜利,追逐败军,直接进入京城,兵到城下,箭射到了王宫。到这时论功行赏时,史仵龙、杨文义各加封一千户。广陵王说:"史仵龙、杨文义对乐平王有功,但对国无功。"没有答应。当时的人都称道元恭皇帝刚强正直。彭城王尔朱仲远,是尔朱世隆的长兄,镇守滑台。他上表请求用他下属的都督乙瑗作西兖州刺史,但先任用后才上表。元恭答道:"已经就近补用,何必这么远来上报!"尔朱世隆陪着参加宴会,皇帝每次都说:"太原王贪天的功劳为自己的力量,罪也该死。"尔朱世隆等听了很吃惊。从此以后,不敢再入朝。然而尔朱世隆总是擅自行使国家的权力,凶恶得很。他把持着台省(台省,汉时的尚书台设在称为省中的官禁中,故称台省。后来也借指朝廷的中枢机构)要职,在家里总管万机,事情无论大小,先要到尔朱世隆家里,然后再施行。天子无权,拱手向南坐着,不能有所干预。(《魏书》卷七十五《世隆传》说:"常使尚书宋游道、邢昕在其宅厅视事,东西别坐,受纳诉讼,称命施行,其专恣如此。")

永熙元年,平阳王入洛阳夺取大业,修造了一座五层宝塔。

平阳王,武穆王的少子。(普泰二年,即532年,高欢兵变,废掉广陵王元恭,立平阳王元修为帝,即出帝,亦称孝武帝。元修,字孝则,广平武穆王怀的第三子,永安三年封平阳王。)

元修皇帝下诏命中书侍郎魏收(魏收,字伯起,巨鹿下曲阳〔今属河北省〕人。《北齐书》卷三十七有传)等为寺写碑文。

到永熙二年二月五日修建完毕,皇帝率领百官作万僧会。这天,寺门外有石像无缘无故自己动了,低下头再抬起来,如此一天才停止。元修皇帝亲自来礼拜,惊奇于它的怪异。中书舍人卢景宣(卢辩,字景宣,普泰初为中书舍人。《北史》卷三十有传)说:"石立社移,上古就有这种事,陛下何必以为怪异呢?"元修皇帝于是回宫。三年七月,元修皇帝为侍中斛斯椿所逼迫,跑到长安(投宇文泰。高欢另立清河王元亶世子元善见为帝)。到了十月底,京城迁到了邺地(邺在河南临漳县西,为高欢根据地)。

〇景宁寺,太保司徒公杨椿所立也。在青阳门外三里御道南,所谓景宁里也。

高祖迁都洛邑,椿创居此里,遂分宅为寺,因以名之。制饰甚美,绮柱珠帘。椿弟慎,冀州刺史,慎弟津,司空,并立性宽雅,贵义轻财,四世同居,一门三从。朝贵义居,未之有也。普泰中,为尔朱世隆所诛,后舍宅为建中寺。

出青阳门外三里,御道北有孝义里。里西北角有苏秦冢。冢旁有宝明寺。

众僧常见秦出入此冢,车马羽仪,若今宰相也。

孝义里东,即是洛阳小市。北有车骑将军张景仁宅。

景仁，会稽山阴人也。正光年初，从萧宝夤归化，拜羽林监，赐宅城南归正里。民间号为"吴人坊"，南来投化者多居其内。近伊、洛二水，任其习御。里三千余家，自立巷市。所卖口味，多是水族，时人谓为鱼鳖市也。景仁住此以为耻，遂徙居孝义里焉。

时朝廷方欲招怀荒服，待吴儿甚厚，褰裳渡于江者，皆居不次之位。景仁无汗马之劳，高官通显。永安二年，萧衍遣主书陈庆之送北海入洛阳僭帝位。庆之为侍中。景仁在南之日与庆之有旧，遂设酒引邀庆之过宅。司农卿萧彪、尚书右丞张嵩并在其座，彪亦是南人。唯有中大夫杨元慎、给事中大夫王晌是中原士族。庆之因醉谓萧、张等曰："魏朝甚盛，犹曰五胡，正朔相承，当在江左。秦朝玉玺，今在梁朝。"元慎正色曰："江左假息，僻居一隅。地多湿垫，攒育虫蚁，疆土瘴疠，蛙黾共穴，人鸟同群。短发之君，无杼首之貌；文身之民，禀蕞陋之质。浮于三江，棹于五湖，礼乐所不沾，宪章弗能革。虽复秦余汉罪，杂以华音，复闽楚难言，不可改变。虽立君臣，上慢下暴。是以刘劭杀父于前，休龙淫母于后，见逆人伦，禽兽不异。加以山阴请婿卖夫，朋淫于家，不顾讥笑。卿沐其遗风，未沾礼化，所谓阳翟之民不知瘿之为丑。我魏膺箓受图，定鼎嵩洛，五山为镇，四海为家。移风易俗之典，与五帝而并迹；礼乐宪章之盛，凌百王而独高。岂卿鱼鳖之徒，慕义来朝，饮我池水，啄我稻粱，何为不逊，以至于此？"庆之等见元慎清词雅句，纵横奔发，杜口流汗，含声不言。

于后数日，庆之遇病，心上急痛，访人解治。元慎自云能解，庆之遂凭元慎。元慎即口含水噀庆之曰："吴人之鬼，住居建康。小作冠帽，短制衣裳。自呼阿侬，语则阿傍。菰稗为饭，茗饮作浆。呷啜莼羹，唼嗍蟹黄。手把豆蔻，口嚼槟榔。乍至中土，思忆本乡。急手速去，还尔丹阳。若其寒门之鬼，□头犹修。网鱼漉鳖，在河之洲。咀嚼菱藕，捃拾鸡头。蛙羹蚌臛，以为膳羞。布袍芒履，倒骑水牛。沅湘江汉，鼓棹遨游。随波溯浪，唅啁沉浮。白纻起舞，扬波发讴。急手速去，还尔扬州。"庆之伏枕曰："杨君见辱深矣。"自此后，吴儿更不敢解语。北海寻伏诛，其庆之还奔萧衍，衍用其为司州刺史，钦重北人，特异于常。朱异怪，复问之。曰："自晋宋以来，号洛阳为荒土，此中谓长江以北尽是夷狄。昨至洛阳，始知衣冠士族并在中原。礼仪富盛，人物殷阜，目所不识，口不能传。所谓帝京翼翼，四方之则，如登泰山者卑培塿，涉江海者小湘沅，北人安可不重？"庆之因此羽仪服式悉如魏法，江表士庶竞相模楷，褒衣博带，被及秣陵。

元慎，弘农人，晋冀州刺史峤六世孙。曾祖泰，从宋武入关，为上洛太守七年，背伪来朝，明元帝赐爵临晋侯，广武郡、陈郡太守，赠凉州刺史，谥烈侯。祖抚，明经，为中博士。父辞，自得丘壑，不事王侯。叔父许，河南令，蜀郡太守。世以学行著闻，名高州里。元慎清尚卓逸，少有高操，任心自放，不为时羁。乐山爱水，好游林泽。博识文渊，清言入神，造次应对，莫有称者。读《老》《庄》，善言玄理。性嗜酒，饮至一石，神不乱常。慷慨叹不得与阮籍同时生。不愿仕宦，为中散，常辞疾退闲，未尝修敬诸贵，亦不庆吊亲知。贵为交友，故时人弗识也。或有人慕其高义，投刺在门，元慎称疾高卧。加以意思深长，善于解梦。孝昌年，广阳王元渊初除仪同三司，总众十万讨葛荣，夜梦着衮衣，倚槐树而立，以为吉征。问于元慎。元慎曰："三公之祥。"渊甚悦之。元慎退还，告人曰："广阳死矣。'槐'字是木傍鬼，死后当得三公。"广阳果为葛荣所杀，追赠司徒公。终如其言。建义初，阳城太守薛令伯闻太原王诛百官，立庄帝，弃郡东走，忽梦射得雁，以问元慎。元慎曰："卿执羔，大夫执雁。君当得大夫之职。"俄然令伯除为谏议大夫。京兆许超梦盗羊入狱，问于元慎。元慎曰："君当得城阳令。"其后有功，封城阳侯。元慎解梦，义出万途，随意会情，皆有神验。虽令与侯小乖,按令今百里,即是古诸侯,以此论之,亦为妙著。时人譬之周宣。及尔朱兆入洛阳,即弃官与华阴隐士王腾周游上洛山。

孝义里东市北殖货里。里有太常民刘胡兄弟四人,以屠为业。永安年中,胡杀猪,猪忽唱乞命,声及四邻。邻人谓胡兄弟相殴斗而来观之,乃猪也。胡即舍宅为归觉寺,合家人入道焉。普泰元年,此寺金像生毛,眉发悉皆具足。尚书左丞魏季景谓人曰:"张天锡有此事,其国遂灭,此亦不祥之征。"至明年而广陵被废死。

【今译】

景宁寺,是太保司徒公杨椿(杨椿,字延寿,弘农华阴〔今陕西华阴县东南〕人。庄帝四月改元建义,杨椿为司徒;九月改元永安,即528年,椿为太保;普泰元年即531年,杨椿为尔朱世隆害死。《魏书》卷五十八有传,传中称为尔朱天光所害)所建造的。在青阳门外三里御路南,所谓景宁里的地方。

高阳迁都洛阳,杨椿在景宁里建造住宅,遂即分出宅子的一半为寺,用里名作寺名。其建筑装饰很美,柱子上雕刻绮纹,挂着珠帘。杨椿弟杨慎,做冀州刺史(《魏书》卷五十八有传,称"杨顺,字延和",后因避讳而改"慎"为"顺"。冀州,今河北冀县),杨慎之弟杨津,位至司空(《魏书》卷五十八:津字罗汉,庄帝时为司空)。三人性情宽和雅正，看重义气，看轻财利，四世同居。一门三从（从祖，是祖父的兄弟；从父，是父亲的兄弟；从昆弟，是己之兄弟），身为朝廷贵族，但能仁义和气地住在一起，是不曾有过的。普泰年间，杨椿一家为尔朱世隆所杀害（庄帝永安末，即530年，杨椿子昱曾率众拒尔朱仲远。普泰元年，即531年，尔朱世隆诬椿等为逆，椿家无少长皆遇害）。后来杨家的住宅改为建中寺。

走出青阳门外三里，御路北有孝义里。里的西北角有苏秦墓，墓旁有宝明寺。

众僧经常看见苏秦进出这座墓，车马仪仗，像当今的宰相一样。

孝义里东面，就是洛阳的小市。北面有车骑将军张景仁的住宅。

张景仁，是会稽郡山阴（今浙江绍兴）人。正光初年，随同萧宝夤归化（《魏书》卷五十九有传：萧宝夤，字智亮，齐国萧鸾的第六子，景明二年归魏国。正光是肃宗年号，元年为520年，景明是世宗年号，二年是501年，年分有异），封羽林监，赐住城南归正里。民间称当地"吴人坊"，南方来投化的多住在里边。归正里靠近伊水、洛水，任凭他们学习驾御水势。里内有三千多家，自然形成里巷市集。所卖口味，多是水里族类，当时人称作"鱼鳖市"。张景仁以住在这里为耻，于是迁居到孝义里。

当时朝廷招抚荒服（《逸周书·王会篇》："方千里之内为比服，方二千里之内为要服，方三千里之内为荒服。"故荒服指离王城两千里至三千里之地），对待吴人很优厚。吴人不辞辛劳渡过长江来归顺的，都居于不差的位子。张景仁没有汗马功劳，却做了高官通达显耀。永安二年，萧衍派主书陈庆之送北海王元颢进入洛阳僭称帝位（永安是庄帝年号，二年为529年。《梁书》卷三十二《陈庆之传》：庆之，字子云，义兴国山〔在江苏宜兴县西南〕人。……为主书。大通初，魏北海王元颢来降，求立为魏王。高祖纳之，以庆之为假节、飙勇将军，送颢还北）。陈庆之随后被封为侍中。张景仁在南方的日子，与陈庆之有交谊，于是置酒邀他到家里来，司农卿萧彪、尚书右丞张嵩都在座，萧彪也是南方人。只有中大夫杨元慎、给事中大夫王晌是中原士族。陈庆之乘着酒醉对萧、张等说："魏朝很兴盛，但依旧是五胡之一，至于正统相继（正朔，正月初一，指历法相传，认作正统。），当在江东。秦朝的玉玺，今在梁朝。"杨元慎正色说："江东苟且求安，偏僻地处在一边，地方多低洼潮湿，有虫子蚂蚁聚集，土地上有瘴气，几种青蛙共居一穴，人和鸟同住一起。短头发的君主，没有长寿的容貌；文身的百姓，具有鄙陋的资质（假息，指苟安。湿垫，指潮湿。攒，指聚。瘴疠，指瘴气。蛙黾，指几种蛙。杼首，指长的梭形头，在古代被认为是长寿之相。文身，指身上刺花纹。蕞陋，指鄙陋）。浮游在三江，棹船在五湖（三江，指娄江、东江、松江。五湖古指太湖），不受礼乐教化，不能用法典来改变自己。虽然有秦国遗留下来的百姓，汉朝发配的罪人，间杂着华族的声音，再加上福建和楚地的方言难懂，无法改变。虽然建立了君臣制度，但国君傲慢，臣下暴虐，因此在前有刘劭杀父，在后有休龙淫母（《宋书》卷九十九《元凶劭传》：宋文帝在元嘉六年立劭为太子，元嘉三十年欲废劭，为劭所弑。宋孝武帝刘骏，字休龙。《魏书》卷九十七说他烝其母路氏），违反人伦道德，跟禽兽没有不同。加上山阴公主请求别人做夫婿，出卖丈夫（《宋书》卷七《废帝纪》说："山阴公主淫恣过度，谓帝曰：'妾与陛下虽男女有殊，俱托体先帝，陛下六宫万数，而妾唯驸马一人，事不均平，一何至此？'帝乃为主置面首左右三十人。"），公开在家里淫乱，不顾人家的讥笑。您受遗留下来的风气影响，没有受到礼义的教化，所谓阳翟的人不知道长瘤是丑的（阳翟，今为河南禹县。当地的人都有大脖子症，认为正常脖子的人是丑的）。我们魏国受命图箓，在嵩山洛水建立京城，有五座山作镇（五座山指华山、首山、太室山、泰山、东莱山），四海为家。移风易俗的典范，同五帝相并；礼乐法令的兴盛，胜过百王独高。您这个吃鱼鳖的人，仰慕礼义来朝拜，饮我朝园池里的水，吃我朝的稻米黄粱，怎么能不谦逊到如此地步呢？"陈庆之等见杨元慎训人的语句也清丽文雅，奔放自如，就像被堵住口一般，流汗不止，含着声不再说话。

过了几天，陈庆之生病，心上急痛，找人来治疗。杨元慎说自己能够医治，陈庆之就听凭杨元慎处理了。杨元慎就口中含水喷向庆之说："吴人的鬼，住在建康。小作冠帽，短作衣裳。自称阿侬，话则阿傍。菰稗做饭，茶作饭浆。喝的是莼羹，吃的是蟹黄。手把豆蔻，口嚼槟榔。才到中原，又想本乡。着急快走,回到丹阳。倘是贫家的鬼,头发还是长的。用网捉鱼,漉水捕鳖,在河中小洲上。咬嚼菱藕,拾取鸡头。蛙蚌作羹,以为膳食。披着布袍,穿着草鞋,倒骑水牛。在沅湘江汉,摇桨游荡,随着波,溯着浪,向上浮动。穿着白麻白衣起舞,扬起水波发声歌唱。快些离去,回到扬州。"陈庆之伏在枕上说:"杨君太侮辱我了。"从此以后,吴人再不敢放肆地说话了。北海王不久被杀。陈庆之返回南朝投奔萧衍,萧衍用他为司州刺史(司州在今河南信阳县南)。他对北方人的敬重,比一般人更重。朱异不解,问他,他说:"自从晋宋以来,都称洛阳为荒废的土地,认为长江以北都是胡人占据的。前不久我到了洛阳,才知道穿戴衣冠的士人都在中原,他们很讲礼仪,人物很多,是从没有见过的,无法用语言传达。帝京繁盛有序(翼翼,《诗经·商颂·殷武》:"商邑翼翼,四方之极。"翼翼,繁盛,一说整齐、有序),是四方所效法的。像登上泰山看其他的山都低了,像经过长江大海的把湘江、沅江都看得小了。怎么可以不看重北方人呢?"陈庆之因此而羽盖仪仗和衣装式样完全依照魏国的样子。江南的士人庶民争着模仿,宽衣长带,影响遍及南京。

杨元慎是弘农人,晋朝冀州刺史杨峤的六代孙子(弘农,即今河南陕县。冀州,晋朝治所在今河北高邑县西南)。曾祖杨泰,跟宋武帝入关,做上洛太守七年(宋武帝即刘裕,刘裕入关,在晋安帝义熙十三年,即417年。上洛,在今陕西商县。刘裕灭后秦,忙于回晋篡位称宋,关中又为氐族所据，当时且渠蒙逊称雄一时）。后杨泰背弃氏族，归附魏国，魏明元帝赐爵为临晋侯，封广武郡、陈郡太守（广武郡在甘肃平番县东南。陈郡在河南项城县东北），赠凉州刺史，谥烈侯。他的祖父杨抚，通晓经义，为中博士。父杨辞，自足于山水之间（指过着隐逸的生活），不去奉事王侯。叔父杨许，做过河南令、蜀郡太守。杨元慎在当世以学识行为著称，名声在乡里很高。元慎清高的行为特出，年轻时就有高尚的操守，任着心意自己放纵，不受当世的束缚。他爱山水，喜欢游历山林湖泽。杨元慎广博地识得文辞的渊薮，清正的话深入到神理，应对快速，没有人能比。他读《老子》《庄子》，善于讲玄妙的道理。其性爱喝酒，喝到一石，神态仍和平常一样，经常慷慨地感叹，没能与阮籍同时生。杨元慎不愿做官，所以做中散大夫还经常称病，退出闲游，不曾向权贵殷勤示好，也不与亲戚知交贺喜唁丧。他对于交友很慎重，所以当时有很多人不知道他。有人仰慕他的崇高品德，投名帖到他门内，元慎则称病高卧。他思考问题精深长远，善于解梦。孝昌年间（孝昌为肃宗年号），广陵王元渊被授仪同三司，统兵十万北伐葛荣，夜里梦着衮衣，倚槐树而立，以为是吉兆，就向杨元慎请教。杨元慎说："这是得三公的祥兆。"元渊很高兴。杨元慎退出回家，告诉人说："广阳王要死了。'槐'字是木旁有鬼，死后当得三公。"广阳王果然为葛荣所杀，追赠司徒公。都像元慎所说。建义初（建义是魏孝庄帝年号，元年为528年），阳城（阳城在今河南登封县东南）太守薛令伯听说太原王诛杀百官，立庄帝，弃郡向东逃走。他忽然做梦射得雁，就问杨元慎。杨元慎说："卿执羔，大夫执雁。您当得大夫的职位。"（"卿执羔"两句，见《周礼·春官·大宗伯》）不久薛令伯拜谏议大夫。京兆许超梦到偷羊入狱，问于杨元慎，他说："您当做城阳令。"后来许超有功，封城阳侯（城阳，在今河南泌阳县南）。元慎解梦，释义出于多种途径，随意会合情事，皆有神奇的应验。虽然"令"与"侯"稍异，但按照"令"今管百里地方来解，就是古代的诸侯，以此来论，也是妙解。当时人把他比作周宣（《三国志》卷二十九《周宣传》：周宣，字孔和，乐安〔今山东博兴县北〕人，善占梦）。尔朱兆进入洛阳后，杨元慎就弃官与华阴的隐士王腾去上洛山（在今陕西商县）了。

孝义里东面市北有殖货里，里内有太常民户刘胡兄弟四人，以杀猪为职业。永安年中（孝庄帝年号，约为529年），刘胡杀猪，猪忽然喊救命，声音传到四邻。邻人认为刘胡兄弟互相争斗，跑来观看，才知是猪叫。于是刘胡就捐出住宅，改作归觉寺，全家人都信奉了佛教。普泰元年（节闵帝年号，即531年），寺里的金佛像生出毛来，眉毛头发都具备完足。尚书左丞魏季景（《北史》卷五十六本传说，季景是魏收的族叔，与收齐名）对人说："张天锡（《晋书》卷八十六本传：字纯嘏，安定乌氏〔甘肃平凉县西北〕人。自立为王。后为苻坚所灭）曾遇到过这种事情，他的国家就灭亡了。这也是不祥的预兆。"第二年，广陵王元恭被高欢废去帝位死去。

洛阳伽蓝记卷第三
城南

○景明寺,宣武皇帝所立也。

景明年中立,因以为名。

在宣阳门外一里御道东。

其寺东西南北方五百步。前望嵩山少室,却负帝城,青林垂影,绿水为文,形胜之地,爽垲独美。山悬堂观光盛,一千余间。复殿重房,交疏对溜,青台紫阁,浮道相通。虽外有四时,而内无寒暑。房檐之外,皆是山池。松竹兰芷,垂列阶墀,含风团露,流香吐馥。至正光年中,太后始造七层浮图一所,去地百仞。

是以邢子才碑文云"俯闻激电,旁属奔星",是也。

妆饰华丽,侔于永宁。金盘宝铎,焕烂霞表。

寺有三池,萑蒲菱藕,水物生焉。或黄甲紫鳞,出没于蘩藻;或青凫白雁,沉浮于绿水。磟碡舂簸,皆用水功,伽蓝之妙,最得称首。

时世好崇福,四月七日京师诸像皆来此寺,尚书祠部曹录像凡有一千余躯。至八日,以次入宣阳门,向阊阖宫前受皇帝散花。于时金花映日,宝盖浮云,幡幢若林,香烟似雾,梵乐法音,聒动天地。百戏腾骧,所在骈比。名僧德众,负锡为群，信徒法侣，持花成薮。车骑填咽，繁衍相倾。时有西域胡沙门见此，唱言佛国。

至永熙年中始诏国子祭酒邢子才为寺碑文。

子才，河间人也。志性通敏，风情雅润，下帷覃思，温故知新。文宗学府，腾班马而孤上；英规胜范，凌许郭而独高。是以衣冠之士，辐辏其门，怀道之宾，去来满室。升其堂者，若登孔氏之门；沾其赏者，犹听东吴之句。藉甚当时，声驰遐迩。正光末，解褐为世宗挽郎，奉朝请。寻进中书侍郎、黄门侍郎。子才洽闻博见，无所不通，军国制度，罔不访及。自王室不靖，虎门业废。后迁国子祭酒，谟训上庠。子才罚惰赏勤，专心劝诱，青领之生，竞怀雅术。洙泗之风，兹焉复盛。永熙年末，以母老辞，帝不许之。子才恪请恳至，涕泪俱下，帝乃许之。诏以光禄大夫归养私庭，所在之处，给事力五人，岁一入朝，以备顾问。王侯祖道，若汉朝之送二疏。暨皇居徙邺，民讼殷繁，前革后沿，自相与夺，法吏疑狱，簿领成山，乃敕子才与散骑常侍温子昇撰《麟趾新制》十五篇。省府以之决疑，州郡用为治本。武定中，除骠骑大将军、西兖州刺史。为政清静，吏民安之。后征为中书令。时戎马在郊，朝廷多事，国礼朝仪，咸自子才出。所制诗赋诏策章表碑颂赞记五百篇，皆传于世。邻国钦其模楷，朝野为之美谈也。

【今译】

景明寺，是宣武皇帝（宣武帝元恪，高祖孝文帝的第二子，史称世宗）所建造的。

因为是景明年中建造的，因此用年号作寺名（景明是世宗的年号，元年是500年）。

景明寺在宣阳门外一里的御路东面（《元河南志》说："御道东曰利民里。"）。

这座寺东西南北方五百步，前面对着嵩山和少室山（《文选》卷廿二沈约《游钟山诗应西阳王教》诗下李善注引戴延之《西征记》说：嵩高山是中岳。东面是太室山，西面是少室山。嵩高山是总称。又卷十六潘岳《怀旧赋》注引《河南郡图经》说："嵩丘在县西南十五里。"），后面靠着帝城洛阳，青翠的林子垂下影子，碧绿的水泛起波纹，真是风景优美的地方，高爽且风景独好。倚山悬空建起的堂观光彩夺目，有一千多间，层叠的殿堂，窗子相接，屋檐相对（疏者，文窗也。《文选》卷二十九古诗"交疏结绮窗"。溜者：承溜也。《释名·释宫室》："溜，流也，水从屋上流下也。"《文选》卷五左思《吴都赋》："玉堂对溜，石室相距。"）。青色的台，紫色的阁，有飞道相通（浮道者，犹言飞道也）。虽则外面有四季，而里面没有寒天暑天。房檐以外，都是山林和池沼（山池者，山林池沼也）。松竹兰芷，挂满阶沿，含着风，聚着露（团，聚），香气流动（馥，香气）。到正光年中（正光是肃宗年号，约为522年），胡太后又建造七层宝塔一座，距地面百仞（仞，当指八尺）。

因此邢子才在碑文中说"低头听见猛烈的闪电，在旁边看到奔驰的星星"（按《艺文类聚》卷七十七所载子才碑文无此二句），确实是这样。

装饰华丽，跟永宁寺相似，塔上有金盘，塔角挂金铃，光彩映照到云霞之外。

寺里有三个池，芦苇菱藕等水中植物生长在这里。有时是黄的甲鱼、紫鳞的鱼，出没在水草里；有时是青色的凫、白色的雁，浮沉在绿水中。碾、磨、舂、簸，都靠水来推动，这座寺对水力的妙用，最是称首。

当时，世人爱好祭祀求福，四月初七，京都众佛像都抬到景明寺里，尚书祠部曹登录的佛像一共有一千多尊。到初八时，这些佛像被安排按次序进入宣阳门，到阊阖宫前面接受皇帝散花。这时金色的莲花映照日光，宝盖浮在云里，幡幢如林，香烟像雾，梵地的音乐，震动天地，散乐和表演杂技的人奔跃起来，所到之处，都接在一起。著名的僧人和年长的和尚，背着锡杖成群到来。信徒和僧侣，手持鲜花结队而行。车和马阻塞了道路，多得互相倾轧。这时有西域的和尚看见这种情况，赞称这里像佛国。

到了永熙年中（永熙是孝武帝年号，此时约为533年），孝武帝才下诏命国子祭酒邢子才为寺写碑文。

邢子才，河间人（《北齐书》卷三十六《邢邵传》：邵，字子才，河间鄚〔今河北任丘县北〕人。邵避彭城王元劭嫌名，以字行）。志向和性格通达聪慧，风采和神态雅正温润，闭门苦读深思,温故知新。他的文章受众人宗仰,学问渊博,超过班固、司马迁而独上;他优良的准则、美好的典范作用,胜过许劭、郭泰而独自高标(下帷者,垂下书帷也,引申为闭门苦读。班马者,班固、司马迁也。许郭者,许劭、郭泰也)。因此名门的士子,都聚集到他的门下,胸怀大道的宾客,来去满堂。能到他堂上的,如登孔氏之门(扬子《法言·吾子》篇云:"诗人之赋丽以则,辞人之赋丽以淫。如孔氏之门用赋也,则贾谊升堂,相如入室矣。");沾受他的赞赏的,似听东吴之句(周延年注:《三国志·吕蒙传》注:"后鲁肃上代周瑜,过蒙言议,常欲受屈,抚蒙背曰:'吾谓大弟但有武略耳,至于今者,学识英博,非复吴下阿蒙。'"东吴之句殆指是言)。他在当时名声显赫,声誉传遍远近四方。邢子才做到魏世宗挽郎,奉朝请(这前面有"正光末",按正光是肃宗年号,宣武帝是魏世宗,世宗在肃宗前。邢劭不可能在肃宗年间做世宗挽郎。查《北齐书》本传,没有"正光末"三字,此三字疑为衍文。解褐,谓释巾褐而衣官服,喻为官也),不久升做中书侍郎、黄门侍郎(按《北齐书·邢劭传》称:"永安初,累迁中书侍郎。"永安是魏庄帝年号,元年即528年,从他开始在魏世宗手下做官,约经过肃宗再到庄帝,中间隔开好多年,因此原文的"寻"字似应删去)。子才见闻广博,没有不通晓的,统军治国的制度,没有不知道的。自从朝廷不安定,国学的教习荒废了,后来邢子才被任命为国子祭酒,教授国学。他责罚懒惰,赞赏勤学的,一心劝导学生。学习国学的生徒,都争着归向雅正之道。孔子在洙水、泗水教学时的风气，在这里再次兴盛（虎门，即国子学，门上画虎。上庠，指国子学。洙泗，孔子曾讲学于洙泗之间。洙、泗，鲁国二水名）。永熙末年（永熙为魏孝武帝年号，末年约为534年），因母亲年老而辞官，皇帝不允许。子才坚决请求辞官的话极为恳切，涕泗交流，皇帝才允许了，下诏让他以光禄大夫的身份回家养母，所在的地方，给予五个仆从，又命他一年上一次朝，以备皇帝顾问。王和侯在路上为他饯行，像汉朝时他们送二疏一样（《汉书·疏广传》："广字仲翁，东海〔今江苏灌云县〕人。明《春秋》，为太子太傅。兄子受，字公子，亦以贤良举为太子家令。……遂上疏乞骸骨，上以其年笃老，皆许之。公卿大夫故人邑子为设祖道、供张东都门外，送者车数百两，辞决而去。"）。到迁都于邺（按邺在今河南临漳县西，当时魏有高欢、宇文泰崛起，高欢据洛阳，废广陵王元恭，立平阳王元修为帝，是为孝武帝。宇文泰占有长安，孝武帝听了斛斯椿的话，投奔宇文泰。高欢立清河文宣王元亶世子元善见为帝，迁都于邺，史称东魏。孝武帝到了长安，宇文泰把他毒死，另立南阳王元宝炬为帝，史称西魏），民间诉讼案繁多，法律有改革的，有沿袭的，自相矛盾。官员难以断案，案卷堆积成山。于是皇帝命令邢子才同散骑常侍温子昇编《麟趾新制》十五篇。省府用它来解决疑案，州郡用它来作为治理的根本。武定中（武定是孝静帝年号，此时约为547年），皇帝拜邢子才为骠骑大将军、西兖州刺史。他在政治上主张清静，吏民都安于他的治理。后来皇帝用他做中书令。这时,战事频繁,兵临城下,朝廷上多遭变故,国家的礼节、朝廷上的仪制,都由子才制定。他所作的诗赋、诏策、章表、碑颂、赞记五百篇,都流传于世。邻国人敬佩他,视他为楷模,朝野称颂他,以为美谈。

○大统寺,在景明寺西,即所谓利民里。寺南有三公令史高显略宅。

每子夜见赤光行于堂前,如此者非一。向光明所掘地丈余,得黄金百斤,铭云:"苏秦家金,得者为吾造功德。"显略遂造招福寺。人谓此地是苏秦旧宅。当时元乂秉政,闻其得金,就略索之,以二十斤与之。

衒之按:苏秦时未有佛法,功德者不必是寺,应是碑铭之类,颂其声绩也。

【今译】

大统寺,在景明寺西面,即所谓的利民里。寺的南面有三公令史高显略住宅。

高显略经常在夜里见红光在堂前闪耀,像这样的情况出现了不止一次。高显略朝闪光的地方掘地一丈多深,得到黄金百斤,还有铭文说:"苏秦家的金子,得到的人为我造功德。"高显略就建造了招福的寺庙。人们说这地方是苏秦的旧宅。当时元乂掌握政权,听说高显略得到了金子,就向他索取,高显略拿出二十斤金子给了元义。

杨衒之按：苏秦时不曾有佛法，他讲的功德不必是造寺庙，应该是碑铭之类，用来颂扬他的声望和功绩。

〇东有秦太上公二寺，在景明南一里。西寺，是太后所立；东寺，皇姨所建。并为父追福，因以名之，时人号为双女寺。

并门邻洛水，林木扶疏，布叶垂阴。各有五层浮图一所，高五十丈，素彩画工，比于景明。至于六斋，常有中黄门一人监护，僧舍衬施供具，诸寺莫及焉。

寺东有灵台一所，基址虽颓，犹高五丈余，即是汉光武所立者。灵台东有辟雍，是魏武所立者。至我正光中造明堂于辟雍之西南，上圆下方，八窗四闼。汝南王复造砖浮图于灵台之上。

孝昌初，妖贼四侵，州郡失据，朝廷设募征格于堂之北，从戎者拜旷掖将军、偏将军、裨将军。当时甲胄之士，号"明堂队"。时有虎贲骆子渊者，自云洛阳人。昔孝昌年戍在彭城，其同营人樊元宝得假还京师，子渊附书一封，令达其家。云："宅在灵台南，近洛河，卿但至彼，家人自出相看。"元宝如其言，至灵台南，了无人家可问。徙倚欲去，忽见一老翁来，问从何而来，彷徨于此。元宝具向道之，老翁云："是吾儿也。"取书引元宝入，遂见馆阁崇宽，屋宇佳丽。既坐，命婢取酒。须臾见婢抱一死小儿而过，元宝初甚怪之，俄而酒至，色甚红，香美异常。兼设珍羞，海陆备具。饮讫，辞还。老翁送元宝出云："后会难期，以为凄恨。"别甚殷勤。老翁还入，元宝不复见其门巷，但见高岸对水，渌波东倾，唯见一童子可年十五，新溺死，鼻中出血，方知所饮酒是其血也。及还彭城，子渊已失矣。元宝与子渊同戍三年，不知是洛水之神也。

【今译】

大统寺东面有秦太上公二寺，在景明寺南一里。西寺，是胡太后所建造的（秦太上公是胡太后父胡国珍的封号。这座寺是刘腾监督建造的，见《魏书·刘腾传》）；东寺是胡太后的妹妹所建造的。二寺都是为父亲求福，因此取了这样的名字，时人称为双女寺。

二寺寺门并立，邻接洛水，寺内树木茂盛，枝叶布满庭院垂下树荫。各有五层宝塔一座，高五十丈，画工精美，可比景明寺。至于六斋（六斋见卷一景乐寺条），经常有中黄门一人监督守护，僧房内布施的衣物等供应品（衬施，指布施的衣服），是许多寺都赶不上的。

寺的东面有灵台一座，基址虽有部分倒塌，但仍高五丈多，是汉光武帝所建造的。灵台东面有辟雍（辟雍即太学。班固《白虎通德论》云："天子立辟雍者，所以行礼乐，宣教化。辟者，象璧，圆以法天。雍者，拥之以水，象教化流行也。"），是魏武帝所建造的。到了我朝正光中，在辟雍的西南建造了明堂，上圆下方，八窗四闼（正光是肃宗年号，中，约为522年。明堂，是布政之宫，上圆配天，下方配地。四门，达四时；八窗，通八风）。汝南王元悦又在灵台上建造了一座砖制宝塔。

孝昌初年（孝昌是肃宗年号，此时约为525年），妖贼四面侵扰，州郡失去据守，朝廷在朝堂的北面设立募征格，作战的将领封为旷掖将军、偏将军、裨将军。当时从军的士兵，被称为"明堂队"。当时有虎贲军的骆子渊，自称洛阳人。孝昌年间在彭城（今徐州）守卫，他的同营人樊元宝休假回京城，子渊附了一封家信，让元宝送到家里，说："我家在灵台南，靠近洛河，您这要到了那里，我家里人自然会出来见您。"樊元宝照他说的，到了灵台南，却完全没有人家可以问。他徘徊一会儿正要离去，忽见一位老翁走来，问他从哪里来，为什么在这里彷徨。樊元宝一一告诉了他。老翁说："他是我儿子。"说完拿了信引樊元宝进屋，就看见馆阁宽敞高大，房子美好壮丽。坐定之后，老翁让婢女拿酒来。一会儿，就看见婢女抱着一个死了的小孩走过，樊元宝起初很惊奇，没多久酒来了，颜色很红，香美异乎平常。主人家又摆上珍贵的食物，海味陆味都有。樊元宝吃喝完了，辞别回去。老翁送他出门后说："后会难期，很是哀怨。"分别时很不舍。老翁回去后，樊元宝就再看不到屋子，但见高高的河岸邻着河水，清波向东流去。他看见一个童子，大概十五岁，刚溺水死去，鼻子里流出血来，方才知道所饮的酒是他的血。回到彭城后,骆子渊已经不见了。樊元宝与骆子渊共同戍守三年,却不知他是洛水的神。

○报德寺,高祖孝文皇帝所立也。

为冯太后追福。

在开阳门外三里。

开阳门御道东有汉国子学堂,堂前有三种字。石经二十五碑,表里刻之,写《春秋》《尚书》二部,作篆、科斗、隶三种字,汉右中郎将蔡邕笔之遗迹也。犹有十八碑,余皆残毁。

复有石碑四十八枚,亦表里隶书,写《周易》《尚书》《公羊》《礼记》四部。又赞学碑一所,并在堂前。魏文帝作《典论》六碑,至太和十七年犹存四碑。高祖题为劝学里。

武定四年,大将军迁石经于邺。

里内有大觉、三宝、宁远三寺。周回有园,珍果出焉。有大谷梨、承光之柰。承光寺亦多果木,柰味甚美,冠于京师。

【今译】

报德寺,是高祖孝文皇帝所建造的。

这座寺是为冯太后祈求冥福而建造的(冯太后是高宗文成帝的皇后,冯朗女,孝文帝祖母,《魏书》卷十三《后妃传》

有传）。

这座寺院在开阳门外三里。

开阳门御路东有汉代的国子学堂（《文选》卷十六《闲居赋》李善注引郭缘生《述征记》曰："国学在辟雍东北五里。"）。堂前有三种文字的石经二十五碑（石经，指刻在石碑上的儒家经典），里外都刻着字，内容是《春秋》《尚书》两部经书，用的是篆、科斗、隶三种文字（这里讲的魏正始三体石经，先古文，即科斗，次篆书，三隶书。这三体是谁写的，不清楚），是汉右中郎将蔡邕书写的遗迹（蔡邕写的是汉熹平一字石经，只写隶书，不写三字石经）。另外还留存十八块碑，其余的多已残毁。

还有石碑四十八块，也是里外都用隶书，刻写着《周易》《尚书》《公羊》《礼记》四部经书（按此指汉熹平一字石经，是汉灵帝熹平四年〔175年〕开始刻石，到光和六年〔183年〕刻成，是蔡邕写的隶书，刻的是五经加《论语》《公羊》）。又有一座赞学碑，都在国子学堂的前面。魏文帝所作《典论》刻成的六块碑，到太和十七年时还留存四块（太和是高祖年号，十七年是493年）。高祖给这块地方题名为劝学里。

　　武定四年，大将军把石经迁到邺地（武定是孝静帝年号，四年为546年。大将军即高澄，是高欢的儿子，他迁的石经碑有五十二块。见《北齐书》卷四《文宣帝纪》）。

里内有大觉、三宝、宁远三寺。报德寺周围有园林，出产珍奇的果品，有大谷梨、承光柰（大谷是地名，在洛阳城南几十里。柰，果树名，也指其果实。）。承光寺也多果树，柰的味道很甜美，在京城里可数第一。

〇劝学里东有延贤里，里内有正觉寺，尚书令王肃所立也。

肃字恭懿，琅琊人也，伪齐雍州刺史奂之子也。赡学多通，才辞美茂，为齐秘书丞，太和十八年背逆归顺。时高祖新营洛邑，多所造制，肃博识旧事，大有裨益，高祖甚重之，常呼王生。延贤之名，因肃立之。

肃在江南之日，聘谢氏女为妻，及至京师，复尚公主。谢作五言诗以赠之。其诗曰："本为箔上蚕，今作机上丝。得路逐胜去，颇忆缠绵时。"公主代肃答谢云："针是贯线物，目中恒任丝。得帛缝新去，何能纳故时。"肃甚有愧谢之色，遂造正觉寺以憩之。肃忆父非理受祸，常有子胥报楚之意，卑身素服，不听音乐，时人以此称之。肃初入国，不食羊肉及酪浆等物，常饭鲫鱼羹，渴饮茗汁。京师士子道肃一饮一斗，号为漏卮。经数年已后，肃与高祖殿会，食羊肉酪粥甚多。高祖怪之，谓肃曰："卿中国之味也，羊肉何如鱼羹？茗饮何如酪浆？"肃对曰："羊者是陆产之最，鱼者乃水族之长。所好不同，并各称珍。以味言之，甚有优劣。羊比齐鲁大邦，鱼比邾莒小国，唯茗不中与酪作奴。"高祖大笑，因举酒曰："三三横，两两纵，谁能辨之，赐金钟。"御史中尉李彪曰："沽酒老妪瓮注巩,屠儿割肉与秤同。"尚书左丞甄琛曰:"吴人浮水自云工,妓儿掷绳在虚空。"彭城王勰曰:"臣始解此字是'习'字。"高祖即以金钟赐彪。朝廷服彪聪明有智,甄琛和之亦速。彭城王谓肃曰:"卿不重齐鲁大邦,而爱邾莒小国。"肃对曰:"乡曲所美,不得不好。"彭城王重谓曰:"卿明日顾我,为卿设邾莒之食,亦有酪奴。"因此复号茗饮为酪奴。

时给事中刘缟慕肃之风,专习茗饮。彭城王谓缟曰:"卿不慕王侯八珍,好苍头水厄。海上有逐臭之夫,里内有学颦之妇,以卿言之,即是也。"其彭城王家有吴奴,以此言戏之。自是朝贵讌会虽设茗饮,皆耻不复食,唯江表残民远来降者好之。后萧衍子西丰侯萧正德归降,时元乂欲为之设茗,先问:"卿于水厄多少?"正德不晓乂意,答曰:"下官生于水乡,而立身以来,未遭阳侯之难。"元乂与举坐之客皆笑焉。

【今译】

劝学里东面有延贤里,里内有正觉寺,是尚书令王肃所建造的。

王肃字恭懿,琅琊(今山东临沂县东南)人,是伪齐雍州刺史王奂的儿子(《南齐书》卷四十九《王奂传》:王奂,字彦孙,齐永明间〔约488年〕为镇北将军、雍州刺史。永明十一年〔493年〕，以杀宁蛮长史刘兴祖罪，为州司马黄瑶起所杀）。王肃博学多识，才华出众，是齐国的秘书丞，太和十八年（494年）叛齐投奔魏国（《魏书》卷六十三《王肃传》："肃于太和十七年自建业〔南京〕来奔。高祖幸邺，闻肃至，虚襟待之。肃陈说治乱，音韵雅畅，深会帝旨，高祖嗟纳之。"）。这时高祖正在经营洛阳，多创造、重制各种制度，王肃通晓先代历史，大有益处。高祖很看重他，经常叫他王生。"延贤"的名称，就是因为王肃的到来才这样取名的。

王肃在江南的时候，聘谢家的女儿做妻子（陈郡〔今河南淮阳县〕谢庄之女），到了魏国，又娶了公主（世宗时娶了陈留长公主。公主本是刘昶的儿媳，高祖的妹妹。见《魏书》卷六十三《王肃传》）。谢家女后来也到了魏国，写了一首五言诗给王肃，诗中说："本为箔上蚕，今作机上丝。得路逐胜去，颇忆缠绵时。"（《北魏诗》中路作络，络是绕丝的。胜是机上持经线的。按丝指思，即思丈夫。络和胜比公主，公主纠缠丈夫，让他不能回来。）公主代王肃回答谢女说："针是贯线物，目中恒任丝。得帛缝新去，何能纳故时。"（公主把王肃比作针，只能穿新线，不能穿旧线了。）王肃对谢女很有惭愧之色，于是造了正觉寺给谢女容身（谢女皈依佛教，做了尼姑，故王肃造正觉寺。考谢女生的女儿，叫王普贤，世宗纳为贵华。《普贤墓志》说夫人"茹荼泣血，哀深乎礼"，那说明她们当时还是很苦的）。王肃想到父亲不是因为犯法而受祸，常有伍子胥报复楚国一般的心思（伍子胥父奢兄尚，为楚平王所杀，子胥奔吴，佐吴伐楚。见《史记》卷六十六《伍子胥传》），处身卑恭，穿白衣服，不听音乐，当时人因此称赞他。王肃初到魏国，不吃羊肉和酪浆，常常用鲫鱼羹下饭，渴了饮茶。京城的士人说王肃一次饮一斗，称他为"漏卮"。过了几年，王肃参加高祖在殿上举办的宴会，吃了很多羊肉酪粥。高祖觉得奇怪，问他说："你是吃过中原的味道的，羊肉比鱼羹怎样？喝茶比酪浆怎样？"王肃回答道："羊是陆地所产中最好的，鱼是水族中第一。人们的爱好不同罢了，其实都是珍馐。拿味道讲，大有优劣的差别。羊好比齐鲁大邦，鱼好比邾莒小国，只有茶地位尴尬，给酪做了奴隶。"高祖大笑，因此举起杯酒说："三三横，两两纵，谁能辨之赐金钟。"御史中尉李彪说："沽酒老妪瓮注甀，屠儿割肉与秤同。"尚书左丞甄琛说："吴人浮水自云工，妓儿掷绳在虚空。"彭城王勰说："臣才明白这个字是'习'字。"（沽酒老妪把酒从瓮中注入甀，即注入长颈器中，作羽声，是羽。屠儿割肉与秤同，是白称了，是白字。羽和白合成习字。"吴人浮水自云工"，像羽，"妓儿掷绳在虚空"，绳不见了，成白。羽和白合成习字。）于是高祖当即赐给李彪金酒钟。朝廷诸人也都佩服李彪聪明有智慧，甄琛和得也快。彭城王对王肃说："您不看重齐鲁大邦，却爱邾莒小国。"王肃对答说："故乡魅力，不得不喜欢。"彭城王又说："您明天来看我，我为您办'邾莒小国'，也有酪奴。"因此人们又叫茶"酪奴"。

当时的给事中刘缟仰慕王肃的风度，专门学习饮茶。彭城王对刘缟说:"您不羡慕王侯用的八珍,爱好苍头的水厄(按八珍指珍贵的食品。苍头,以青巾裹头,指贱人。水厄,饮茶,多喝茗汁,所以称为水厄),海上有追逐臭味的人,里内有学颦的妇人(《文选》卷四十二曹植《与杨德祖书》:"而海畔有逐臭之夫。"《庄子·天运篇》:"西施病心而矉其里,其里之丑人见而美之,归亦捧心而矉。"矉、颦二字通用)。用您来比附,就是这样的人了。"彭城王家里有吴奴,所以他用这话来嘲戏他。从此朝廷上的贵族宴会,虽然设了茗饮,但都以为耻,不再饮用,只有长江以外远来投降的人才爱好喝茶。后来萧衍的儿子西丰侯萧正德来投降,当时元义要为他准备茗饮,先问:"你受水厄多少?"萧正德不晓得元义的意思,回答道:"下官虽生在水乡,但从自立以来,没有遭受过阳侯之灾(阳侯,指水神。见《汉书·扬雄传》注)。"元义同座上的客人都笑了(《太平御览》卷八六七引南朝宋刘义庆《世说新语》:"晋司徒王蒙好饮茶,人至辄命饮之,士大夫皆患之。每欲候蒙,必云:'今日有水厄。'"元义此问是用"水厄"来借问他饮茶吗,萧正德不解,以为问他是否遭过水灾,故众人皆笑)。

〇龙华寺,广陵王所立也。追圣寺,北海王所立也。并在报德寺之东。法事僧房,比秦太上公。京师寺皆种杂果,而此三寺园林茂盛,莫之与争。

宣阳门外四里,至洛水上,作浮桥,所谓永桥也。

神龟中,常景为《洛汭颂》。其辞曰:"浩浩大川,浟浟清洛。导源熊耳,控流巨壑。纳谷吐伊,贯周淹亳。近达河宗,远期海若。兆唯洛食,实曰土中。上应张柳,下据河嵩。寒暑攸叶,日月载融。帝世光宅,函夏同风。前临少室,却负太行。制岩东邑,峭岠西疆。四险之地,六达之庄。恃德则固,失道则亡。详观古列,考见丘坟。乃禅乃革,或质或文。周余九列,汉季三分。魏风衰晚,晋景凋曛。天地发辉,图书受命。皇建有极,神功无竞。魏箓仰天,玄符握镜。玺运会昌,龙图受命。乃眷书轨,永怀保定。敷兹景迹,流美洪模。袭我冠冕,正我神枢。水陆兼会,周郑交衢。爰勒洛汭,敢告中区。"

南北两岸有华表,举高二十丈,华表上作凤凰似欲冲天势。

永桥以南,圜丘以北,伊洛之间,夹御道,东有四夷馆,一曰金陵,二曰燕然,三曰扶桑,四曰崦嵫。道西有四夷里,一曰归正,二曰归德,三曰慕化,四曰慕义。吴人投国者,处金陵馆。三年已后,赐宅归正里。

景明初,伪齐建安王萧宝夤来降,封会稽公,为筑宅于归正里,后进爵为齐王,尚南阳长公主。宝夤耻与夷人同列,令公主启世宗,求入城内,世宗从之,赐宅于永安里。正光四年中,萧衍子西丰侯萧正德来降,处金陵馆,为筑宅归正里。后正德舍宅为归正寺。

北夷来附者处燕然馆，三年已后，赐宅归德里。

正光元年，蠕蠕主郁久闾阿那肱来朝，执事者莫知所处，中书舍人常景议云："咸宁中单于来朝，晋世处之王公特进之下。可班那肱蕃王仪同之间。"朝廷从其议。又处之燕然馆，赐宅归德里。北夷酋长遣子入侍者，常秋来春去，避中国之热，时人谓之雁臣。

东夷来附者，处扶桑馆，赐宅慕化里。西夷来附者，处崦嵫馆，赐宅慕义里。自葱岭已西，至于大秦，百国千城，莫不款附。商胡贩客，日奔塞下，所谓尽天地之区已。乐中国土风因而宅者，不可胜数。是以附化之民，万有余家。门巷修整，阊阖填列。青槐荫陌，绿树垂庭。天下难得之货，咸悉在焉。

别立市于洛水南，号曰四通市。民间谓为永桥市。伊洛之鱼，多于此卖，士庶须脍，皆诣取之。鱼味甚美。京师语曰："洛鲤伊鲂，贵于牛羊。"

永桥南道东有白象、狮子二坊。

白象者，永平二年乾陀罗国胡王所献。背设五采屏风、七宝坐床，容数人，真是异物。常养象于乘黄曹，象常坏屋毁墙，走出于外。逢树即拔，遇墙亦倒。百姓惊怖，奔走交驰。太后遂徙象于此坊。

狮子者，波斯国胡王所献也。为逆贼万俟丑奴所获，留于寇中。永安末，丑奴破灭，始达京师。庄帝谓侍中李彧曰："朕闻虎见狮子必伏，可觅试之。"于是诏近山郡县捕虎以送。巩县、山阳并送二虎一豹。帝在华林园观之。于是虎豹见狮子，悉皆瞑目，不敢仰视。园中素有一盲熊，性甚驯，帝令取试之。虞人牵盲熊至，闻狮子气，惊怖跳踉，曳锁而走。帝大笑。普泰元年，广陵王即位，诏曰："禽兽囚之则违其性，宜放还山陵。"狮子亦令送归本国。送狮子者以波斯道远，不可送达，遂在路杀狮子而返。有司纠劾，罪以违旨论。广陵王曰："岂以狮子而罪人也？"遂赦之。

【今译】

龙华寺，是广陵王所建造的（广陵王元恭曾经住龙华寺，见卷二平等寺。《钩沉》以此寺为广陵王元欣所立。元恭、元欣皆广陵王元羽之子，疑此寺为元羽所立。元羽为高祖弟）。追圣寺，是北海王所建造的（北海王元详，亦高祖弟，世宗时为侍中、大将军、录尚书事，见《魏书》卷二十一上本传）。两寺都在报德寺的东面。做法事的殿堂和僧房，可比秦太上公寺。京城里的寺庙都种杂果，而这三座寺里园林茂盛，没有能和它们相比的。

宣阳门外四里，到洛水上，造有浮桥，就是所谓的永桥。

神龟中，常景作《洛汭颂》，（神龟是肃宗年号，约在519年。

《魏书》卷八十二《常景传》:"常景,字永昌,河内〔河南沁阳县〕人。……景经洛汭,乃作铭焉。")内容是:"浩荡的大水,深广的洛河,源于熊耳山(熊耳山,在河南卢氏县南),奔流而下,经过深谷,接纳谷水,吞吐伊水。流通成周,滋润亳县,就近汇入黄河,远处朝见海神(成周,指洛阳。海若,指海神)。卜兆时在洛阳得到吉兆(兆,卜兆。食,指吉兆),实是土地的中心。天上同张宿柳宿相应,地下占据黄河和嵩山的地利。寒天暑天相协和,太阳月亮相融洽(张柳,指二十八宿中的张宿柳宿。叶,同"协和"的"协"。载融,指光融)。皇家世代光荣地以它为宅,全国同沐其风(函夏,指全中国)。前靠少室山,背负太行山,东面有险要的制邑,西南有崤岠护卫边疆(制,今河南汜水县。原文中的"峭",疑作崤)。这里四面都是险要的地方,又有六面都通达的大路。靠德治理便会稳固,失去道便会灭亡。详细地观察古事,考见古书,是禅让是革命,其制或者质朴,或者文华(丘坟,古代三皇的书叫三坟,九州的书叫九丘。尧舜把天子的位禅让给别人,汤武用革命来推翻夏商)。周朝末年九州分裂,汉朝末年三分为魏蜀吴。魏国末年,风气衰败,晋国的光景凋残昏暗。如今天地发出光芒,从河图洛书接受天命。魏帝建国有准则,像神功无比。魏的图箓承天所授,握了符同握了镜一样。国运兴隆昌盛,顺承龙图天命(龙图,河图的别称)。眷念国家的统一,希望长久保持安定。宣告这光明的业迹,流传这伟大的法规。承袭我朝上位,端正我朝政权。水路陆路都会合,朝廷、诸侯交相往来，因此刻铭在洛汭，冒昧地向朝廷禀告。"
南北两岸有华表（华表是用来标示道路的，用石制），高二十丈，华表做成凤凰像要冲天飞去的模样。

永桥以南，圜丘以北（圜丘，祭天的地方），在伊水、洛水中间，夹着御路，东面有四夷馆：一叫金陵，二叫燕然，三叫扶桑，四叫崦嵫。路西有四夷里：一叫归正，二叫归德，三叫慕化，四叫慕义。吴人投奔魏国的，居金陵馆。三年以后，赐居归正里。

景明初年（景明是世宗年号，初年为500年，萧宝夤降魏为二年，即501年），伪齐建安王萧宝夤来投降（杨衒之仕北魏，故称南朝为伪。《魏书》卷五十九《萧宝夤传》："字智亮。"后投北魏，入关征万俟丑奴，不胜，遂反。庄帝永安三年〔530年〕，尔朱天光破丑奴，擒宝夤，赐死），封会稽公，为他筑住宅于归正里，后来萧宝夤晋爵为齐王，娶了南阳长公主。萧宝夤耻于与夷人住在一处，让公主上奏世宗，请求住进城内。世宗准许了，赐他住在永安里。肃宗正光四年（523年），萧衍的儿子西丰侯萧正德来投降，也被安排在金陵馆，并为他在归正里修建了住宅，后来萧正德将住宅捐出改为归正寺。

北夷来归附的，安排在燕然馆，三年以后，赐住归德里。

正光元年（正光为肃宗年号，元年为520年），蠕蠕首领郁久闾阿那肱来朝（蠕蠕本东胡后代，居于漠北），管事的官员不知怎样安排他。中书舍人常景建议说："咸宁中（咸宁，晋武帝年号，五年为279年），单于来朝，晋朝安排他在王公、特进的下面，如今可以把郁久闾阿那肱的接待规格安排在藩王与仪同之间。"朝廷听从常景的建议，也安排郁久闾阿那肱住燕然馆，并赐住归德里。北夷酋长派儿子来侍候的，经常是秋天来，春天去，避开中原的炎热时段，当时人称他们为雁臣。

从东夷来归附的，被安排在扶桑馆，赐住慕化里。西夷来归附的，被安排在崦嵫馆，赐住慕义里。从葱岭以西至于大秦国（古人称东罗马帝国叫大秦），百国千城，没有不诚心归附的。外国的商人和贩子，每天奔走在边关下面，就是所谓尽天地的区域了。喜欢中土的风俗而来定居的，多得不可数。因此归附教化的民众，有一万多家。家门里巷齐整，大门紧密排列。青青的槐树荫蔽路上，碧绿的柳树垂挂在庭院里。天下珍稀难得的货物，都聚集在这里。

城中另外在洛水南面设立市集，取名四通市，民间叫永桥市。伊水、洛水中的鱼，多在这里售卖，士人庶民要吃鱼肉，都到这里来买。特别是鱼，味道很鲜美。京城里说："洛水鲤鱼、伊水鲂鱼，价钱比牛羊肉都贵。"

永桥南面路东，有白象坊、狮子坊。

白象是永平二年，乾陀罗国的国王所进献的（永平是世宗年号，二年是509年。乾陀罗，在北印度。《大唐西域记》写作健驮罗。《大唐西域记》说："健驮罗国东西千多里，南北八百余里，东临信度河。"）。白象的背上设有五彩屏风、七宝坐床，可以容纳几个人，真是珍奇的东西。白象曾经被养在乘黄曹（乘黄曹是管皇帝的车子和马的衙门），经常破坏屋子、毁坏门，走到外面。它碰到树就拔起来，碰到墙就撞倒。百姓惊慌畏惧，竞相奔逃。胡太后就命人把它养在这坊内了。

狮子是波斯国国王所献的（按《魏书·西域传》称："正光末遣使贡师子一，至高平，遇万俟丑奴反，因留之。丑奴平，送京师。"与本书所记为一事）。为逆贼万俟丑奴所截获（万俟丑奴，高平镇〔今宁夏固原〕人，建义元年夏反，自立朝廷。尔朱天光与贺拔岳入关讨之，擒之于平凉。见《魏书》卷七十五《尔朱天光传》），留于逆贼营中。永安末，万俟丑奴覆灭，才送达京城。庄帝对侍中李彧（《魏书》卷八十三《李延实传》：彧，字子文，陇西李延实子。尚庄帝姊，封东平郡公，位侍中、左光禄大夫、中书监。）说："我听说老虎看见狮子一定会低头趴下，可以找老虎来试试它。"因此下了诏命，让靠近山的郡县捕捉老虎送到朝中。巩县、山阳县一起送来二虎一豹。庄帝在华林园观看。虎豹看见狮子，都闭拢眼睛，不敢抬头看。园中本来有一头盲熊，性子很驯服，庄帝命令牵来试试。虞人牵盲熊到来，它闻着狮子的气味，惊恐跳动，拖拉起锁链逃走了。庄帝大笑。普泰元年，广陵王登上帝位（普泰是广陵王元恭称帝后定的年号，为531年），下诏说："拘囚禽兽，违反它的本性，应该放还山林。"这头狮子也被下令送还本国。送狮子的人认为波斯国路远，不可能送到，于是在路上杀了狮子回来。有关官员弹劾他，按照违旨论罪。广陵王说："哪有因狮子而判人罪的？"于是赦免了他。

○菩提寺，西域胡人所立也，在慕义里。

沙门达多发冢取砖，得一人以进。时太后与明帝在华林都堂，以为妖异。谓黄门侍郎徐纥曰："上古以来，颇有此事否？"纥曰："昔魏时发冢，得霍光女婿范明友家奴，说汉朝废立，与史书相符，此不足为异也。"后令纥问其姓名，死来几年，何所饮食。死者曰："臣姓崔，名涵，字子洪，博陵安平人也。父名畅，母姓魏，家在城西阜财里。死时年十五，今满二十七，在地十有二年，常似醉卧，无所食也。时复游行，或遇饮食，如似梦中，不甚辨了。"后即遣门下录事张隽诣阜财里，访涵父母，果得崔畅，其妻魏氏。隽问畅曰："卿有儿死否？"畅曰："有息子洪，年十五而死。"隽曰："为人所发，今日苏活，在华林园中，主人故遣我来相问。"畅闻惊怖曰："实无此儿，向者谬言。"隽还，具以实陈闻，后遣隽送涵回家。畅闻涵至，门前起火，手持刀，魏氏把桃枝，谓曰："汝不须来！吾非汝父，汝非吾子，急手速去，可得无殃。"涵遂舍去。游于京师，常宿寺门下。汝南王赐黄衣一具。涵性畏日，不敢仰视，又畏水火及兵刃之属，常走于逵路，遇疲则止，不徐行也。时人犹谓是鬼。洛阳大市北有奉终里，里内之人，多卖送死之具及诸棺椁。涵谓曰："作柏木馆，勿以桑木为欀。"人问其故，涵曰："吾在地下见发鬼兵，有一鬼诉称：'是柏棺，应免。'主兵吏曰：'尔虽柏棺，桑木为欀。'遂不免。"京师闻此，柏木踊贵。人疑卖棺者货涵发此言也。

【今译】

菩提寺，是西域的胡人建造的，在慕义里。

和尚达多掘坟取砖（达多是西域的胡人，因为本书的作者杨衒之在北魏做官，所以他不认为北魏是胡人，称北魏是"中国土风"，其实北魏是鲜卑族，也是胡人。因此他所称的"西域胡人"，决不是北魏人，他写"发冢"，说里面的人"时复游行"，想来是一座很大的坟，可以容人游行的。达多掘的是大坟，一定得到了许多财物，所以能造寺），发现一个活人，进献给朝廷。这时候胡太后与明帝（太后指胡太后，明帝指肃宗孝明帝）都在华林园的都堂内，认为是妖异，就对黄门侍郎徐纥（徐纥，见卷一永宁寺条）说："上古以来，也有这种事情吗？"徐纥说："从前魏时掘坟，得到了霍光女婿范明友的家奴（范明友，见《汉书》卷六十八《霍光传》。是霍光的女婿，官未央卫尉），他讲起汉朝废立的事，与史书相符合，这种事情不足以认为怪异。"胡太后令徐纥问这个人的姓名，死了几年，怎么吃喝。那人说："臣姓崔，名涵，字子洪，博陵安平（今属河北省）人。父名畅，母姓魏，家住在城西阜财里。我死时年十五岁，今满二十七，在地下十二年，常常像喝醉了一样躺着，不吃什么东西。我时常游行，有时碰上饮食，但像在梦里，不能分辨得很清楚。"胡太后就派门下录事张隽到阜财里寻访崔涵的父母，果真找到崔畅和他的妻子魏氏。张隽问崔畅道："您有儿子死了吗？"崔畅说："有个儿子叫子洪，十五岁时死去。"张隽说："他被人挖了出来，现在苏醒复活了，在华林园里，所以皇上派我来询问。"崔畅十分吃惊害怕说："我实在没有这个儿子，前面的是瞎话。"张隽回来，如实说给胡太后听。胡太后派张隽送崔涵回家。崔畅听说崔涵到来，在门前生起火，手里拿着刀，让魏氏拿着桃枝，对着崔涵说道："你不用来，我不是你父亲，你不是我儿子。快去快去，可以不受伤害。"崔涵于是离开。他在京城里游荡，常常睡在寺门下面。汝南王元悦赐给他黄衣一件。崔涵怕见阳光，不敢仰视，又怕水火刀兵一类。他经常在大路上奔走，走到疲倦就停下，从不慢走。当时的人还认为他是鬼。洛阳大的市集北面有奉终里，里内的人，多从事卖给死人的东西及棺材和外棺的生意。崔涵对人说："作柏木棺，不要用桑木做衬里。"人问这样做的缘故，崔涵说："我在地下看见征鬼兵，有一个鬼说：'是柏棺，应该免去征兵。'主管征鬼兵的官说：'他虽是柏棺，但是是用桑木做衬里的。'所以没能免征。"京城里的人听说后，柏木价就飞升了，人们都疑心是卖棺的人买通崔涵散发这些言论的。

〇高阳王寺，高阳王雍之宅也。在津阳门外三里御路西。雍为尔朱荣所害也,舍宅以为寺。

正光中,雍为丞相,给羽葆鼓吹、虎贲班剑百人,贵极人臣,富兼山海。居止第宅,匹于帝宫。白壁丹楹,窈窕连亘,飞檐反宇,缪蠡周通。僮仆六千,妓女五百,隋珠照日,罗衣从风。自汉晋以来,诸王豪侈,未之有也。出则鸣驺御道,文物成行,铙吹响发,笳声哀转。入则歌姬舞女,击筑吹笙,丝管迭奏,连宵尽日。其竹林鱼池,侔于禁苑,芳草如积,珍木连阴。

雍嗜口味,厚自奉养,一食必以数万钱为限。海陆珍羞,方丈于前。陈留侯李崇谓人曰:"高阳一食,敌我千日。"崇为尚书令,仪同三司,亦富倾天下,僮仆千人。而性多俭吝,恶衣粗食,食常无肉,止有韭茹、韭菹。崇客李元祐语人云:"李令公一食十八种。"人问其故,元祐曰:"二韭一十八。"闻者大笑。世人即以为讥骂。

及雍薨后,诸妓悉令入道,或有嫁者。美人徐月华,善弹箜篌,能为《明妃出塞》之歌,闻者莫不动容。永安中,与卫将军原士康为侧室,宅近青阳门。徐鼓箜篌而歌,哀声入云,行路听者,俄而成市。徐常语士康曰:"王有二美姬,一名修容,一名艳姿,并蛾眉皓齿,洁貌倾城。修容亦能为《绿水》歌,艳姿善《火凤》舞,并爱倾后室,宠冠诸姬。"士康闻此,遂常令徐鼓《绿水》《火凤》之曲焉。

高阳宅北有中甘里。

里内颍川荀子文，年十三，幼而聪辨，神情卓异，虽黄琬、文举无以加之。正光初，广宗潘崇和讲服氏《春秋》于城东昭义里，子文摄齐北面，就和受道。时赵郡李才问子文曰："荀生住在何处？"子文对曰："仆住在中甘里。"才曰："何为住城南？"城南有四夷馆，才以此讥之。子文对曰："国阳胜地，卿何怪也？若言川涧，伊洛峥嵘。语其旧事，灵台石经。招提之美，报德、景明。当世富贵，高阳、广平。四方风俗，万国千城。若论人物，有我无卿！"才无以对之。崇和曰："汝颍之士利如锥，燕赵之士钝如锤。信非虚言也。"举学皆笑焉。

【今译】

高阳王寺，是高阳王元雍的住宅（孝昌二年〔孝昌是肃宗年号，二年，即526年〕，胡太后已把城内的刘腾宅赐给高阳王。高阳王，见卷一建中寺条）。在津阳门外三里御路西。元雍为尔朱荣害死（长乐王元子攸建义元年，即528年，尔朱荣进入洛阳，元雍在河阴遇害）。元雍的家人捐出元雍城外的住宅为寺。

正光中（正光是肃宗年号，此时约为522年），元雍是丞相，皇帝赐给他鸟羽为旗的鼓吹，虎贲队拿着木剑的战士百人，是人臣中极贵的，其财富兼有山海的珍宝。他住的房屋和皇宫匹配。白的墙，红的柱，房舍幽深相连，檐头飞举，屋瓦高出,道路交错纵横,四周通行。有仆人六千,妓女五百。隋珠(隋珠,传说中的明珠)照耀日光,绸衣在风中飘动。自从汉晋以来,诸王的豪华侈丽,未尝有过和他一样的。出外有从骑开道,仪仗排成行列,铙歌声音响亮,胡笳声音哀转。回家便有歌姬舞女击筑吹笙,用丝和管交替奏乐,昼夜不断。他的竹林鱼池,和帝王苑囿相似。名花香草好像堆在一起,珍贵的树木连成绿荫。

元雍嗜好美味,奉养极其丰富,吃一顿饭一定以数万钱为限。海味陆味珍贵的菜,摆满一丈见方的桌子。陈留侯李崇(李崇见卷二正始寺条)对人说:"高阳吃一顿饭,抵我吃一千天。"李崇做尚书令,仪同三司,也是富可超越天下人,仆人有千人。可他生性俭朴、吝啬,穿粗衣、吃粗饭,经常没有肉,只有韭菜、韭菹(菹指切碎的酱菜)。他的门客李元祐对人说:"李令公一顿吃十八种。"人问他缘故,元祐说:"二韭一十八(按韭九同音,韭茹、韭菹是二韭,作二九,故称十八)。"听到的人大笑。世人就用此来作为讥笑俗骂。

元雍死后,众妓都被命出家为尼,也有出嫁的。美人徐月华,善于弹箜篌,特别是弹《明妃出塞》(明妃,指王昭君。晋人为避司马昭讳,称之为明妃)的曲子,听到的人没有不动容的。永安中(永安是庄帝年号,永安中约为529年),嫁给卫将军原士康做妾,住宅靠近青阳门。当徐月华弹箜篌唱歌时,哀怨的声音进入云里,行人都停下来静听,一会儿就聚若市集。徐月华经常对原士康说:"高阳王有两个美姬,一叫修容,一叫艳姿,都是细眉白齿,容貌倾城。修容擅长唱《绿水》歌,艳姿善跳《火凤》舞,都为王所爱,超过众姬,是最得宠的。"士康听了这话,就经常令徐月华弹《绿水》歌、《火凤》曲的曲调。

高阳宅北面有中甘里。

里内有颍川(今河南许昌县)人荀子文,年十三,幼小而聪明有口才,神表卓出特异,即使是黄琬、文举(《后汉书》卷九十一《黄琼传》后附《黄琬传》:黄琬,字子琰,少而辩慧。文举,即孔融,少亦聪慧,见《后汉书》卷一百本传)也不能胜过他。正光初(正光为肃宗年号,即520年),广宗潘崇和在城东昭义里讲服氏《春秋》(广宗,今河北威县东。潘崇和,不详。服氏《春秋》,服虔解读的《春秋》。《后汉书》卷一百九《儒林传》:服虔,字子慎,荥阳〔河南荥泽县西南〕人),子文提起衣摆(摄齐即摄斋,指抠衣,提起下裳),面向北面(古时晚辈之位称北面)恭敬地接受潘崇和教导。这时赵郡(今河北赵县)人李才问荀子文说:"荀生住在何处?"荀子文对答道:"我住在中甘里。"李才说:"为什么住在城南?"因为城南有四夷馆,李才因此讥笑荀子文住在夷人处。荀子文答道:"国都南面是好地方,您何必奇怪呢?倘说河流,伊水、洛水不平凡。要讲它的旧事,有灵台、石经。讲寺庙之美,又有报德寺、景明寺。讲当代的富贵人,有高阳王、广平王。四方不同风俗的,有万国千城,都到南城来。要是论及人物,有我没有您。"李才没法回应他。潘崇和说:"汝颍的士子锋利得像锥子,燕赵的士子钝得像秤砣。这的确不是假话啊！"所有的学者都笑了。

○崇虚寺，在城西，即汉之濯龙园也。

延熹九年，桓帝祠老子于濯龙园，设华盖之坐，用郊天之乐，此其地也。

高祖迁京之始，以地给民，憩者多见妖怪，是以人皆去之，遂立寺焉。

【今译】

崇虚寺，在城西，即汉之濯龙园也（本卷所记皆洛阳城南寺宇，此云城西，不合，疑"西"下脱"南"字）。

延熹九年（166年），桓帝在濯龙园祭祀老子。设立有华盖（华盖，帝王用的伞）的座位，使用祭天的音乐的，就是这个地方。（按汉之濯龙园近北宫，见《后汉书·百官志》注，当在城内。崇虚寺若在城外，则不得为汉之濯龙园故址。衒之所记盖误。）

高祖孝文帝迁都洛阳之初，把这里的土地赐给百姓，在这休憩的人，多见妖异（怪，即异），因此人们都离开了，于是在这里建造了崇虚寺。

洛阳伽蓝记卷第四
城西

〇冲觉寺,太傅清河王怿舍宅所立也。在西明门外一里御道北。

怿,亲王之中,最有名行,世宗爱之,特隆诸弟。延昌四年,世宗崩,怿与高阳王雍、广平王怀并受遗诏,辅翼孝明。时帝始年六岁,太后代总万机,以怿名德茂亲,体道居正,事无大小,多咨询之。是以熙平、神龟之际,势倾人主,第宅丰大,逾于高阳。西北有楼,出凌云台,俯临朝市,目极京师,古诗所谓"西北有高楼,上与浮云齐"者也。楼下有儒林馆、延宾堂,形制并如清暑殿。土山钓池,冠于当世。斜峰入牖,曲沼环堂,树响飞嘤,阶丛花药。怿爱宾客,重文藻,海内才子,莫不辐辏,府僚臣佐,并选隽民。至于清晨明景,骋望南台,珍羞具设,琴笙并奏,芳醴盈罍,嘉宾满席。使梁王愧兔园之游,陈思惭雀台之讌。

正光初,元义秉权,闭太后于后宫,薨怿于下省。孝昌元年,太后还总万机,追赠怿太子太师、大将军、都督中外诸军事、假黄钺。给九旒鸾辂、黄屋、左纛、辒辌车、前后部羽葆鼓吹、虎贲班剑百人、挽歌二部,葬礼依晋安平王孚故事。谥曰文献。图怿像于建始殿。拔清河国郎中令韩子熙为黄门侍郎,徙王国三卿为执戟者,近代所无也。为文献追福,建五层浮图一所,工作与瑶光寺相似也。

【今译】

冲觉寺,是太傅清河王元怿(清河王元怿,见卷一景乐寺条)捐出住宅所建造的。在西明门外一里御路北面。

元怿,在亲王中间最有名望品行,世宗很宠爱他,远胜过众位弟弟。延昌四年(515年),世宗死,元怿同高阳王元雍、广平王元怀(广平王元怀,见卷二平等寺条)一起接受遗诏,辅佐孝明皇帝。这时孝明帝才六岁,由胡太后总理日常政务。因为元怿有名望德行,又是最亲密的亲属,体察政事处理正确,所以事情不论大小,胡太后多向他询问。因此熙平、神龟的时候(孝明帝即位之初的四年),他的势力高过君主,住宅广大,超过了高阳王元雍(雍宅在城南,见卷三高阳王寺条)。宅西北有楼,高出凌云台(凌云台在阊阖城千秋门内道北西游园中,见卷一瑶光寺条),下临朝廷市集,可以尽望京城,正所谓古诗所说"西北有高楼,上与浮云齐"(诗见《文选》卷二十九。衔之引此,谓正如古诗所云,非谓古诗所称之高楼即元怿宅之高楼也。《四库全书总目提要》误解衔之之意,以谓衔之即以此楼为古诗所称之楼,而讥其固于说诗,为此书之瑕类,非是)。楼下有儒林馆、延宾堂,形制都像清暑殿(清暑殿在华林园内,见卷一),土山钓池,在当世称得上第一。斜出的山峰掩住窗口，曲折的池沼环绕屋舍，树上响起飞动的鸟的叫声，阶石上花草丛生。元怿喜欢宴请宾客，看重文辞，海内才子，没有不会集在他周围的，府里的臣子属官，都从英隽的人中选出（隽民者，才德优秀之士也。《书·洪范》云"俊民用章"是也。下法云寺条称元彧"僚宷成群，俊民满席"，字作俊，同隽）。至于清凉的早晨，景色明丽，纵望南台，珍贵的菜肴具备，琴和笙一并弹奏，芳香的酒满杯，尊贵的宾客坐满席位。这情形使得梁孝王对兔园的游赏，陈思王对铜雀台的宴会，都感到惭愧（兔园，汉梁孝王的苑囿。葛洪《西京杂记》云："梁孝王好营宫室苑囿之乐，作曜华之宫，筑兔园。"又云："其诸宫观相连，延亘数十里。奇果异树，瑰禽怪兽毕备。王日与宾客弋钓其中。"兔园，在今河南商丘县。雀台，即铜雀台，汉建安十五年冬曹操所建，在邺城。故址在今河北临漳县西南邺城内西北隅。陈思，即陈思王曹植，曹操之子。铜雀台成，曹操悉将诸子登台，使各为赋，植援笔立就。见《三国志·魏书》卷十九《陈思王植传》）。

正光初，元乂掌握政权，把胡太后囚禁在后宫，又在门下省害死元怿（正光是肃宗年号，即520年。元怿于正光元年被害，年三十四）。孝昌元年，胡太后恢复总管万机，追赠元怿为太子太师、大将军、都督中外诸军事，又赠黄钺（即涂金的斧，用作帝王的仪仗）。并赐九旒銮辂（旗子下的多种饰物称九旒。装有銮铃的车称銮辂）、黄屋、左纛、辒辌车（用黄缯做的车盖叫黄屋。用毛羽做的插在车的左边的旗叫左纛，纛音导。丧车有窗，关窗称温，开窗称凉，称辒辌车），给前后部羽葆鼓吹、虎贲班剑百人、挽歌二部（用羽毛做旗，加上鼓吹。虎贲班剑，指持班剑的虎贲军士。挽歌二部，每部六十四人），葬礼依照晋朝葬安平王司马孚的先例（司马孚的葬礼，给銮辂轻车，介士虎贲百人，吉凶导从二千余人，前后鼓吹。见《晋书》卷三十七本传），谥称文献，命人画了元怿画像挂在建始殿。胡太后又选择清河国的郎中令韩子熙做黄门侍郎（子熙字元雍，昌黎棘城〔今河北平乡县南〕人，韩麒麟之孙。崔光举子熙为元怿常侍，迁郎中令。元怿被害，久不得葬，子熙为之忧悴，屏居田野。后胡太后反政，子熙伏阙上书，诉怿之冤。胡太后乃赐元义死，引子熙为中书舍人。见《魏书》卷六十《韩麒麟传》），擢升王国三卿（三卿，指司徒、司马、司空）做执戟的人，这是近代所没有的。

为替文献追福，建造五层宝塔一座，土木营造与瑶光寺的宝塔相似（瑶光寺的宝塔，高五十丈，见卷一）。

〇宣忠寺，侍中司州牧城阳王徽所立也。在西阳门外一里御道南。

永安中，北海王入洛，庄帝北巡，自余诸王，各怀二望，唯徽独从庄帝至长子城。大兵阻河，雄雌未决，徽愿入洛阳，舍宅为寺。及北海败散，国道重晖，遂舍宅焉。

永安末，庄帝谋杀尔朱荣，恐事不果，请计于徽。徽曰：

"以生太子为辞，荣必入朝，因以毙之。"庄帝曰："后怀孕未十月，今始九月，可尔以不？"徽曰："妇人生产，有延月者，有少月者，不足为怪。"帝纳其谋，遂唱生太子。遣徽特至太原王第，告云皇储诞育。值荣与上党王天穆博戏，徽脱荣帽，欢舞盘旋。徽素大度量，喜怒不形于色，绕殿内外欢叫，荣遂信之，与穆并入朝。庄帝闻荣来，不觉失色。中书舍人温子昇曰："陛下色变！"帝连索酒饮之，然后行事。荣、穆既诛，拜徽太师司马，余官如故，典统禁兵，偏被委任。及尔朱兆擒庄帝，徽投前洛阳令寇祖仁。祖仁一门刺史，皆是徽之将校，以有旧恩，故往投之。祖仁谓子弟等曰："时闻尔朱兆募城阳王甚重，擒获者千户侯。今日富贵至矣！"遂斩送之。徽初投祖仁家，赍金一百斤、马五十匹，祖仁利其财货，故行此事。所得金马，缌亲之内均分之。所谓"匹夫无罪，怀璧其罪"，信矣。兆得徽首，亦不勋赏祖仁。兆忽梦徽云："我有黄金二百斤、马一百匹，在祖仁家，卿可取之。"兆悟觉，即自思量：城阳禄位隆重，未闻清贫，常自入其家采掠，本无金银，此梦或真。至晓掩祖仁，征其金马。祖仁谓人密告，望风款服，云实得金一百斤、马五十匹。兆疑其藏隐，依梦征之。祖仁诸房素有金三十斤，马三十匹，尽送致兆，犹不充数。兆乃发怒，捉祖仁，悬首高树，大石坠足,鞭捶之以及于死。时人以为交报。

杨衒之曰:"崇善之家,必有余庆;积祸之门,殃所毕集。祖仁负恩反噬,贪货杀徽,徽即托梦增金马,假手于兆,还以毙之。使祖仁备经楚挞,穷其涂炭,虽魏其侯之笞田蚡,秦主之刺姚苌,以此论之,不能加也!"

【今译】

宣忠寺,是侍中司州牧城阳王元徽(《魏书》卷十九下本传说:"元徽,字显顺。……〔庄帝〕以与谋之功,除侍中。"司州,今河南洛阳县东北)建造的。在西阳门外一里御路南。

永安中(永安是庄帝年号,这时约为529年),北海王元颢进入洛阳(元颢入洛在永安二年五月,事见卷一永宁寺条),庄帝北退,其余众王各心怀观望,只有元徽独自跟庄帝到长子城(长子城在山西长子县西)。大兵为黄河阻隔,胜负未分,元徽向神佛祈祷许愿,如能回洛阳,就捐出住宅建寺庙。后来北海王失败,国道重新焕发光彩,元徽就舍出了住宅。

永安末年(530年),庄帝计划杀死尔朱荣,怕事情不成,请元徽想计策。元徽说:"用太子出生作为借口,尔朱荣一定入朝,趁这个机会杀死他。"庄帝说:"皇后怀孕不到十个月,现在才九个月,可以这样说吗?"元徽说:"妇人生产,有时间延长的,有时间不足的,不足为怪。"庄帝采纳他的计划,就宣称生了太子,又派元徽特地到太原王家,告诉他皇子生下来了(庄帝的皇后是尔朱荣的女儿,故到尔朱荣家告诉他)。当时正碰上尔朱荣同上党王元天穆在玩博戏（博戏，指古代的六博棋戏。两人各用黑白六子博输赢），元徽立即脱掉尔朱荣的帽子，欢喜地跳舞回旋。元徽一向有大的度量，喜怒不在脸色上表现出来，这时他绕着殿内外欢呼，尔朱荣随即相信了他的话，同元天穆一起入朝拜见。庄帝听说尔朱荣会来，不觉变了脸色。中书舍人温子昇说："陛下脸色变了。"庄帝接连取酒喝了，然后行动。杀死尔朱荣和元天穆以后，庄帝封元徽做太师司马，其余的官照旧，统率宫中的禁兵，被特别重用。等到尔朱兆捉了庄帝，元徽就投靠了以前的洛阳令寇祖仁（《魏书》卷十九《元徽传》："及尔朱兆之入，禁卫奔散，庄帝步出云龙门，徽乘马奔度，帝频呼之，徽不顾而去。遂走山南，至故吏寇弥宅。"此称寇祖仁，祖仁当是弥字）。寇祖仁一门刺史（寇祖仁兄寇祖训为顺阳太守，兄寇祖礼为洛阳令，稍迁东荆州刺史），都是元徽的将校，因为有旧恩，所以去投靠他。寇祖仁对子弟等说："听说尔朱兆悬赏捉拿城阳王的赏格很高，捉住的人封千户侯。今天富贵到了！"于是他斩了元徽的头送给尔朱兆（《魏书·元徽传》说："弥外虽容纳，内不自安，乃怖徽云'官捕将至'，令其避他所。使人于路邀害，送尸于尔朱兆。"）。元徽当初投奔寇祖仁家时，带了一百斤金子、五十匹马。寇祖仁想得到他的财货，所以做了这种事。他所得到的金子、马匹，五服（缌亲，即五服，旧时丧服制度，以亲疏分成五种差等，称五服）以内的亲族平均分配，所谓"匹夫无罪，怀有玉璧是他的罪"（"匹夫无罪，怀璧其罪"，《左传·桓公十年》虞叔引周谚），确实是这样啊。尔朱兆得到了元徽的头，但也不赏赐寇祖仁。尔朱兆忽然做梦，梦见元徽说："我有二百斤黄金、一百匹马，在寇祖仁家里，你可以去拿。"尔朱兆醒来就想，城阳王封禄丰厚、地位显要，没听说他清贫，我曾经亲自到他家搜夺，根本没有金银，这个梦或许是真实的。到天亮时，他捉住寇祖仁，征收他的金子马匹。寇祖仁认为有人告密，就立即承认了，说实际得到了一百斤金子、五十匹马。尔朱兆疑心他隐藏，依旧依照梦中数目征收。寇祖仁众房原来有三十斤金子、三十匹马，全部送给尔朱兆，还不满数。尔朱兆就发了怒，捉住寇祖仁，把他的头挂在高树上，将大石坠在脚上，用鞭子打他，直到打死。当时人认为这是交报（佛教称善有善报，恶有恶报为交报）。

杨衒之说："崇尚善事的人家，一定有多的喜庆；积累灾祸的人家，灾祸就会完全聚集（《周易·坤卦·文言》说："积善之家，必有余庆；积不善之家，必有余殃"）。寇祖仁背恩反咬，贪财杀了元徽，元徽就托梦增加金子和马匹的数目，借尔朱兆的手来杀害寇祖仁，让寇祖仁备受鞭打，受尽苦难，即使用窦婴鞭打田蚡、苻坚刀刺姚苌这样的事来比较，也不算厉害。"（魏其侯答田蚡，见《史记》卷一百七《魏其武安侯列传》。魏其侯即窦婴。窦婴与灌夫俱为田蚡诬陷弃市。史称窦婴死，田蚡亦病。《汉书》云："蚡疾一身尽痛，若有击者，呼服谢罪。上使视鬼者瞻之，曰：'魏其侯与灌夫共守笞，欲杀之。'竟死。"秦主刺姚苌，见《晋书》卷一百十六。秦主即苻坚，姚苌杀苻坚。姚苌梦苻坚率鬼兵来,惧入宫,宫人刺鬼中芰阴,遂患阴肿,出血卒。)

○宣忠寺东王典御寺,阉官王桃汤所立也。

时阉官伽蓝皆为尼寺,唯桃汤独造僧寺,世人称之英雄。门有三层浮图一所,工逾昭仪。宦者招提,最为入室。至于六斋,常击鼓歌舞也。

【今译】

宣忠寺东面是王典御寺,是阉官王桃汤(《魏书》卷九十四《阉官传》:王桃汤名温,赵郡栾城〔今属河北省〕人,高祖时充宦者。肃宗时……为中常侍,光禄大夫。)所建造的。

当时宦官建造的寺都是尼姑寺(如卷一的昭仪尼寺,卷二的魏昌尼寺、景兴尼寺,皆阉官所建),唯独王桃汤建造的是和尚寺,世人称他是有非凡作为的人。

门口有三层宝塔一座,工艺胜过了昭仪尼寺(昭仪尼寺见卷一)。宦官所建的寺中,王典御寺最为精妙。每天六斋(六斋,见卷一景乐寺条),这里常常击鼓、唱歌、跳舞。

○白马寺,汉明帝所立也。

佛教入中国之始。

寺在西阳门外三里御道南。帝梦金神,长丈六,项背日月光明。胡神号曰佛,遣使向西域求之,乃得经像焉。时以白马负经而来,因以为名。

明帝崩,起祇洹于陵上。自此以后,百姓冢上或作浮图焉。寺上经函,至今犹存。常烧香供养之,经函时放光明,耀于堂宇。是以道俗礼敬之,如仰真容。

浮图前柰林、蒲萄异于余处,枝叶繁衍,子实甚大。柰林实重七斤,蒲萄实伟于枣,味并殊美,冠于中京。帝至熟时,常诣取之。或复赐宫人,宫人得之,转饷亲戚,以为奇味。得者不敢辄食,乃历数家。京师语曰:"白马甜榴,一实直牛。"

有沙门宝公者,不知何处人也,形貌丑陋,心识通达,过去未来,预睹三世。发言似谶,不可得解,事过之后,始验其实。胡太后闻之,问以世事。宝公曰:"把粟与鸡呼朱朱。"时人莫之能解。建义元年,后为尔朱荣所害,始验其言。时亦有洛阳人赵法和请占早晚当有爵否。宝公曰:"大竹箭,不须羽,东厢屋,急手作。"时人不晓其意。经十余日,法和父丧。大竹箭者,苴杖;东厢屋者,倚庐。造十二辰歌,终其言也。

【今译】

白马寺,是汉明帝所建造的。

这也是佛教传入中国的开始。

寺在西阳门（西阳门，汉称雍门）外三里御路南面。明帝梦见金神，长一丈六尺，头颈背后有日月光芒，这就是外国称作佛的神。明帝于是派使臣向西域寻求，终于得到了经卷和佛像（《魏书·释老志》云："帝遣郎中蔡愔、博士弟子秦景等使于天竺，写浮屠遗范。愔仍与沙门摄摩腾、竺法兰东还洛阳。中国有沙门及跪拜之法，自此始也。愔又得佛经《四十二章》及释迦立像，明帝令画工图佛像，置清凉台及显节陵上，经缄于兰台石室。"按白马负经至洛阳，事在明帝永平十年，即67年）。因为当时是白马驮经来的，所以名为白马寺（按《魏书·释老志》云："愔之还也，以白马负经而至，汉因立白马寺于洛城雍门西。"又云："白马寺盛饰佛图，画迹甚妙，为四方式。凡宫塔制度，犹依天竺旧状而重构之。从一级至三、五、七、九，世人相承谓之浮图。"汉白马寺遗址，在洛阳故城城西）。

明帝崩，在陵上造祇洹（《贤愚经》卷十说："舍卫国王波斯匿有一大臣，名曰须达，居家巨富，财富无限，好喜布施，赈济贫乏及诸孤老，时人为其立号，名给孤独。须达以国王太子祇陀之园为佛立精舍，因名太子祇陀树给孤独园。"此所称祇洹，殆即精舍，为修行者的居处），从此以后，百姓坟上开始有造宝塔的了。

寺里的经函，至今还保存着（这里所称的经函，殆即《四十二章经》），经常有人烧香来供奉它。经函时时放出光明，照耀在堂屋上，因此僧徒、俗人都礼敬它，如同仰望佛的真像。

白马寺宝塔前的柰林（柰林即涂林。《齐民要术》卷四说：

"涂林,安石榴也。"),葡萄和别处不同,枝叶繁多,果实很大。柰林果子重七斤,葡萄果子比枣大,味道都特别甜美,为京城第一的果品。皇帝到果子熟时,经常亲自去采。有时他将这些果子赐给宫人,宫人得到了,再转送亲戚,认为是奇特的珍品。得到的都不敢马上就吃,往往要经过好几家。京城里说:"白马寺甜榴,一个价格一头牛。"

有个和尚叫宝公的,不知道是哪里人,形貌丑陋,但知识通达,知晓过去、未来,预先看到三世(三世,即过去、现在、未来)。他讲出话来像谶语(谶即隐语预言),让人不能理解,事过之后,才能验证他的话。胡太后听了,问他当世的事情。宝公说:"把粟给鸡吃时嘴里呼'朱朱'(朱朱是二朱,隐寓尔朱,指尔朱荣要害她)。"当时的人,都不能破解是什么意思。到了建义元年(长乐王子攸称帝后定的年号,即528年),胡太后为尔朱荣害死,才印证了他的话。也有洛阳人赵法和请宝公卜问他什么时候能有爵位。宝公说:"大竹箭,不须羽,东厢屋,急手作。"当时人不懂得他的意思,经过十多天,法和的父亲死了。原来大竹箭,是指苴杖(苴音居。苴杖,丧服所用竹杖)。东厢屋,是指倚庐(有丧者所居)。宝公后来作的《十二辰歌》,说完了他预言的话(《十二辰歌》,分十二时作歌,已失传)。

〇宝光寺,在西阳门外御道北。有三层浮图一所,以石为基,形制甚古,画工雕刻。

隐士赵逸见而叹曰："晋朝石塔寺，今为宝光寺也。"人问其故。逸曰："晋朝三十二寺尽皆烟灭，唯此寺独存。"指园中一处，曰："此是浴堂。前五步，应有一井。"众僧掘之，果得屋及井焉。井虽填塞，砖口如初。浴堂下犹有石数十枚。当时园地平衍，果菜葱青，莫不叹息焉。

园中有一海，号咸池。葭菼被岸，菱荷覆水，青松翠竹，罗生其旁。京邑士子，至于良辰美日，休沐告归，征友命朋，来游此寺。雷车接轸，羽盖成阴。或置酒林泉，题诗花圃，折藕浮瓜，以为兴适。

普泰末，雍州刺史陇西王尔朱天光总士马于此寺。寺门无何都崩，天光见而恶之。其年天光战败，斩于东市也。

【今译】

宝光寺，在西阳门外御路北面。寺中有三层宝塔一座，用石做地基，形制很古，画工雕刻（此下疑脱一句。按脱句似四个字：都极精美）。

隐士赵逸（赵逸，见卷一昭仪尼寺条及卷二魏昌尼寺条）看见了叹道："晋朝的石塔寺，今为宝光寺。"人问他缘故。赵逸说："晋朝的四十二寺都毁掉了，只这座寺独存。"（《魏书·释老志》云"晋世洛中佛图有四十二所"，本书序文亦云"至于晋室永嘉，唯有寺四十二所"，此处云"三十二寺"，或为"四十二"之误。译文已改为四十二）赵逸又指园中一处,说:"这是浴堂。前走五步,应该有一口井。"众僧掘开,果真掘得屋子和井。井虽然填塞,但造井的砖口像造井时一样。浴堂下面还有几十块石头。当时园子的地面平坦,果子菜叶都是青的,看的人没有不叹息的。

园中有一个海(当时称湖为海),叫咸池。芦苇遮盖湖岸,菱和荷覆盖水面,青松翠竹,罗列生长在池边。京城里的士子,到了好时辰好日子,休假(休沐,汉律,吏五日得休假一天,称休沐)回家,常约了朋友,到这座寺中来游览。发出雷鸣般声音的车子接连不断,羽毛做的车盖连成阴影。有人把酒放在树林泉水旁,有人在花圃里题诗,有人折藕浮瓜(曹丕《与朝歌令吴质书》:"浮甘瓜于清泉,沉朱李于寒水。"后以"浮瓜"代指暑日之行乐),都认为此寺很适合游人游玩。

普泰末年(按普泰是尔朱世隆立广陵王元恭为帝的年号,末为二年,即532年),雍州刺史陇西王尔朱天光(《魏书》卷七十五《尔朱天光传》:"尔朱天光,荣从祖兄子。"尔朱世隆立长广王元晔为主,元晔封尔朱天光为陇西王。尔朱天光本为雍州刺史。雍州,今山西永济县东南。后尔朱天光与高欢作战,为高欢所擒杀)总率士兵马匹驻扎在这寺里。寺门不久崩裂,尔朱天光看了,很是厌恶,认为这是不好的征兆。这年尔朱天光与高欢作战失败,被斩于东市。

○法云寺,西域乌场国胡沙门昙摩罗所立也。在宝光寺西,隔墙并门。

摩罗聪慧利根，学穷释氏。至中国，即晓魏言隶书，凡所闻见，无不通解，是以道俗贵贱，同归仰之。作祇洹寺一所，工制甚精。

佛殿僧房，皆为胡饰。丹素炫彩，金玉垂辉，摹写真容，似丈六之见鹿苑；神光壮丽，若金刚之在双林。伽蓝之内，花果蔚茂，芳草蔓合，嘉木被庭。京师沙门好胡法者，皆就摩罗受持之。戒行真苦，难可揄扬。秘咒神验，阎浮所无。咒枯树能生枝叶，咒人变为驴马，见之莫不忻怖。西域所赍舍利骨及佛牙经像皆在此寺。

寺北有侍中尚书令临淮王彧宅。

彧博通典籍，辨慧清悟，风仪详审，容止可观。至三元肇庆，万国齐臻，金蝉曜首，宝玉鸣腰，负荷执笏，逶迤复道，观者忘疲，莫不叹服。彧性爱林泉，又重宾客。至于春风扇扬，花树如锦，晨食南馆，夜游后园，僚寀成群，俊民满席。丝桐发响，羽觞流行，诗赋并陈，清言乍起，莫不领其玄奥，忘其褊吝焉。是以入彧室者，谓登仙也。荆州秀才张斐常为五言，有清拔之句云："异林花共色，别树鸟同声。"彧以蛟龙锦赐之。亦有得绯绅紫绫者。唯河东裴子明为诗不工，罚酒一石。子明饮八斗而醉眠，时人譬之山涛。及尔朱兆入京师，彧为乱兵所害，朝野痛惜焉。

出西阳门外四里御道南,有洛阳大市,周回八里。市南有皇女台,汉大将军梁冀所造,犹高五丈余。景明中,比丘道恒立灵仙寺于其上。台西有河阳县台,台东有侍中侯刚宅。
市西北有土山鱼池,亦冀之所造。

即《汉书》所谓"采土筑山,十里九坂,以象二崤"者。
市东有通商、达货二里。里内之人尽皆工巧屠贩为生,资财巨万。

有刘宝者,最为富室。州郡都会之处皆立一宅,各养马十匹。至于盐粟贵贱,市价高下,所在一例。舟车所通,足迹所履,莫不商贩焉。是以海内之货,咸萃其庭,产匹铜山,家藏金穴。宅宇逾制,楼观出云,车马服饰,拟于王者。

市南有调音、乐律二里。里内之人,丝竹讴歌,天下妙伎出焉。

有田僧超者,善吹笳,能为《壮士歌》《项羽吟》,征西将军崔延伯甚爱之。正光末,高平失据,虎吏充斥,贼帅万俟丑奴寇暴泾岐之间,朝廷为之旰食,诏延伯总步骑五万讨之。延伯出师于洛阳城西张方桥,即汉之夕阳亭也。时公卿祖道,车骑成列,延伯危冠长剑耀武于前,僧超吹《壮士》笛曲于后,闻之者懦夫成勇,剑客思奋。延伯胆略不群，威名早著，为国展力，二十余年，攻无全城，战无横阵，是以朝廷倾心送之。延伯每临阵，常令僧超为壮士声，甲胄之士莫不踊跃。延伯单马入阵，旁若无人，勇冠三军，威镇戎竖。二年之间，献捷相继。丑奴募善射者射僧超亡，延伯悲惜哀恸，左右谓伯牙之失钟子期不能过也。后延伯为流矢所中，卒于军中。于是五万之师，一时溃散。

市西有延酤、治觞二里，里内之人多酝酒为业。

河东人刘白堕善能酿酒。季夏六月，时暑赫晞，以罂贮酒，暴于日中，经一旬，其酒味不动，饮之香美，醉而经月不醒。京师朝贵多出郡登藩，远相饷馈，逾于千里。以其远至，号曰"鹤觞"，亦名"骑驴酒"。永熙年中，南青州刺史毛鸿宾赍酒之藩，路逢贼盗，饮之即醉，皆被擒获，因此复名"擒奸酒"。游侠语曰："不畏张弓拔刀，唯畏白堕春醪。"

市北〔有〕慈孝、奉终二里，里内之人以卖棺椁为业，赁辒车为事。

有挽歌孙岩，娶妻三年，妻不脱衣而卧。岩因怪之，伺其睡，阴解其衣，有毛长三尺，似野狐尾，岩惧而出之。妻临去，将刀截岩发而走，邻人逐之，变成一狐，追之不得。其后京邑被截发者，一百三十余人。初变为妇人，衣服靓妆，行于道路，人见而悦近之，皆被截发。当时有妇人着彩衣者，人皆指为狐魅。熙平二年四月有此，至秋乃止。

别有阜财、金肆二里，富人在焉。

凡此十里，多诸工商货殖之民。千金比屋，层楼对出，重门启扇，阁道交通，迭相临望。金银锦绣，奴婢缇衣；五味八珍，仆隶毕口。神龟年中，以工商上僭，议不听衣金银锦绣。虽立此制，竟不施行。

【今译】

法云寺，是西域乌场国和尚昙摩罗建造的（乌场，《魏书·西域传》作乌苌。在今巴基斯坦北部斯瓦特河沿岸。详见卷五）。在宝光寺西，隔一道墙，两寺的大门并列。

  昙摩罗聪明智慧，根性明利（利根，佛教语。指理解佛法敏锐，能圆满地达到解脱的根性），对佛教的学问完全通了。到中国，就学会了北魏的语言和隶书，凡是听到的看到的，没有不懂的，因此佛教徒和俗人、高贵的人和低贱的人都归向、敬仰他。他建造的这一座祇洹，工制很精细。

佛殿僧房，都是外国装饰。红和白，炫耀光彩，金和玉，垂下光辉。摹写的佛像，像在鹿苑看见的佛（鹿苑为佛成道后说法处，在今印度北方贝拿勒斯北），佛的神光壮丽，像在双树前看见的佛像（金刚指佛，双林，指佛在双树前涅槃）。寺庙里花果茂盛，芳草长合，佳树遮住庭院。京城的和尚爱好外国佛法的,都到昙摩罗那里受戒,受戒的事的确很苦,难以宣扬。昙摩罗的秘密咒语则有神奇的效验,是人间所没有的。咒枯树能生树叶,咒人能变成驴马,看见的没有不欢喜惊惧的。西域所带来的舍利骨及佛牙、佛经、佛像,都在这寺里(《魏书·释老志》说:"佛既谢世,香木焚尸 灵骨分碎,大小如粒。击之不坏,焚亦不焦,或有光明神验,胡言谓之舍利。弟子收奉,置之宝瓶,竭香花致敬慕。")。

法云寺北有侍中、尚书令、临淮王元彧的住宅(《魏书》卷十八本传:彧字文若,……尔朱荣入洛,杀害元氏。彧……奔萧衍。庄帝立,彧以母老辞还。除尚书令、大司马,兼录尚书。尔朱荣死,尔朱兆入洛,被害)。

元彧对于经典书籍博学贯通,能辨别是非,富有智慧,清明善悟,风采仪表详和审慎,形貌举动不凡。至于元旦(三元指年、月、日三者之始)庆贺,万国一同到来欢聚。他金子装饰的帽子照耀着头部,宝玉鸣响在腰部,拿着朝版,肩负重任,从容地在宫中行走(逶迤,行走貌。复道,宫中之上下道也),观看的人忘记了疲劳,没有不赞叹的。元彧性爱林泉,又看重宾客。每当春风拂动下,花树像锦绣一样的时节,他早上到南馆里吃东西,夜里去游后园,属官成群,才俊坐满宴席。琴弦鸣响,酒杯流转,作诗作赋的都有,而清言(清言,即玄言,指以老庄学说和《易经》为依据的言谈)一说出口,没有人不领受老庄的深奥旨意,忘记心地的偏狭鄙吝。因此进入元彧的房室的,说是如登仙境。荆州秀才张斐曾经作五言诗,有清妙脱俗的句子说:"异林花共色,别树鸟同声。"元彧用绣蛟龙锦赏赐他。也有人得到绛绸紫绫的。只有河东裴子明不善作诗，被罚酒一石。裴子明吃了八斗才醉了睡觉，当时人把他比作山涛（《晋书》卷四十三《山涛传》："山涛，字巨源，河内怀〔今河南武泽县西南〕人。涛饮酒至八斗方醉，帝欲试之，乃以酒八斗饮涛，而密益其酒。涛极本量而止。"）。及尔朱兆入京师，元彧为乱兵害死，朝廷和民间都觉得很可惜。

出西阳门外四里的御路南面，有洛阳的大市集，方圆八里。市集南面有皇女台（《水经注》卷十六《谷水》："皇女稚殇，埋于台侧，故复名之曰皇女台。"），汉大将军梁冀所造（《后汉书》卷六十四本传：冀字伯卓。后汉顺帝时为执金吾，转河南尹，后拜大将军），犹高五丈余。景明中（景明为世宗年号，此时约为501年），和尚道恒建造的灵仙寺在它的上面。台西是河阳县，台东是侍中侯刚的住宅（《魏书》卷九七三《恩幸传》：侯刚字乾之。……肃宗时，除卫尉卿，封武阳县开国公，寻为侍中）。

市西北有土山鱼池，也是梁冀所建造的。

即《汉书》上所说："采土筑山，每十里路筑九里山坡，用来模仿两座崤山（崤山，在河南省西部，分东西两崤，延伸至黄河、洛河间）。"

市东有通商里、达货里。里内的人，全都是善于杀猪的屠户、贩卖货物为生的商贩，积累的财富多的有万数。

有个人叫刘宝，最是富裕。凡是州郡都会的地方，他都建造了一所住宅，每处养马十匹。至于盐和粟的贵贱、市价的高低，他所在地方都一样，由他决定。舟车所通，或足迹所到，没有他不做生意的地方。因此海内的货物，都聚集在他的庭院里，他的产业就像有座铜山，家里藏有金子的穴洞。他的住宅超过规制，楼堂观所高出云霄，车马、衣服、装饰，都跟王侯相似。

市集的南面有调音里、乐律里。里内的人，会弹琴、吹笛、唱歌，天下高妙的技手都出在这里。

有个叫田僧超的人，筚吹得好，能够作《壮士歌》《项羽吟》，征西将军崔延伯很爱他（《魏书》卷七十三本传：崔延伯，博陵〔今河北安平县〕人。正光五年〔肃宗年号，为524年〕秋，莫折天生寇岐州，……朝廷以延伯为使持节征西将军、西道都督，与萧宝夤讨天生，大破之）。正光末，高平（在今甘肃固原）失守，如虎的官吏充满各地。贼帅万俟丑奴在泾水岐山（今甘肃、陕西一带）之间侵夺劫掠，皇帝为此担忧得不能按时吃饭，下诏命崔延伯统率步骑兵五万讨伐他。崔延伯从洛阳城西张方桥出发，这地方就是汉朝的夕阳亭。当时，公卿们前来饯行，车骑排成行列，崔延伯头戴高帽、手拿长剑，在前炫耀威武，田僧超吹《壮士歌》在后，听了曲子，懦夫也能成为勇士，剑客也想奋起。崔延伯的胆量和战略超群，威名早已卓著，为国家效力二十多年，进攻时没有敌人能保全城池，作战时没有敌人能抵御，因此朝廷尽心送他出征。崔延伯每次上阵作战，经常让田僧超吹奏出雄壮战士的声音，穿甲戴胄的战士没有不踊跃作战的。延伯单人骑马冲进阵地，如入无人之境，勇敢为三军之首，威名镇住敌人。两年间,战胜的捷报,相继献上。丑奴悬赏找了善于射箭的人,射死了田僧超,崔延伯悲伤痛惜,哀切恸哭,旁边的人说,从前伯牙失去钟子期的悲痛,也不能胜过他的(钟子期,春秋时楚人。伯牙鼓琴,意在高山或流水,钟子期皆听而知之。子期死,伯牙谓世再无知音者,终身不复鼓琴。见《吕氏春秋·本味篇》)。后来崔延伯为流矢射中,死在军队中。于是五万军队一时间溃败逃散了。

市西有延酤里、治觞里,里内的人,多以酿酒为职业。

河东人刘白堕很能酿酒。夏季六月,这时暑气正盛,用长口瓶贮藏酒,在太阳下晒,经过十天,酒味不变。饮用它,香而美好,喝醉了过一个月也醒不过来。京城中的朝廷贵人,多被派出去到外郡镇守,常把这种酒带到远处作为馈赠礼品,有带出超过一千里的。因它从远处来,所以号称鹤觞,亦称骑驴酒。永熙年中,南青州刺史毛鸿宾带酒到藩封(永熙是出帝年号,这时约为533年。南青州在山东沂水县。《北史》卷四十九《毛遐传》称毛鸿宾为毛遐弟,北地三原〔今属陕西省〕人。出帝时,镇守潼关,为高欢所擒,忧恚卒),路上碰见盗贼,毛鸿宾请他们喝酒,喝了就醉倒,都被捉住,因此这酒又叫擒奸酒。游侠们说:"不怕张弓拔刀,只怕白堕春醪。"

市北有慈孝里、奉终里,里内的人,以卖棺椁、出租丧车为职业。

有个唱挽歌的叫孙岩的人,娶妻三年,妻子从不脱衣裳睡觉。孙岩认为是怪事,于是等她睡着了,暗中解了她的衣服，发觉她身上毛长三尺，有像野地里的狐狸一样的尾巴，孙岩害怕，赶走了她。妻子临走，用刀割了孙岩的头发，邻里的人追她，她变成了一只狐狸，谁都追不到它。后来京城中被割断头发的有一百三十多人。狐狸开始时变成一个妇人，穿得很漂亮，人们看见了，喜欢她，亲近她，结果都被割断头发。当时有妇人穿着彩衣的，人们都认为是狐狸要迷惑人。这是熙平二年（肃宗年号，为517年）四月的事，直到秋天才停止。

另有阜财里、金肆里，富人都住在那里。

以上一共有十里，居住的多数是从事工商买卖的百姓。有千金家财的人家屋子连着屋子，层楼相对，重门开户，复道交通，互相观望。穿的是金银锦绣，奴婢也穿武士的衣服；吃的是五味八珍，仆隶也吃美味。神龟年中（肃宗年号，约519年），因为工商的享用超越制度规定，朝廷决议不允许他们穿戴金银锦绣（《魏书》卷二十一《高阳王雍传》云："雍表诸王公以下贱妾，悉不听用织成锦绣、金玉珠玑，违者以违旨论。"）。虽然立了这种制度，但最终没能实行。

○阜财里内有开善寺，京兆人韦英宅也。英早卒，其妻梁氏不治丧而嫁，更纳河内人向子集为夫，虽云改嫁，仍居英宅。英闻梁氏嫁，白日来归，乘马将数人至于庭前，呼曰："阿梁，卿忘我耶？"子集惊怖，张弓射之，应箭而倒，即变为桃人。所骑之马亦变为茅马，从者数人尽化为蒲人。梁氏惶惧，舍宅为寺。

南阳人侯庆有铜像一躯，可高尺余。庆有牛一头，拟货为金色，遇急事，遂以牛他用之。经二年，庆妻马氏忽梦此像谓之曰："卿夫妇负我金色，久而不偿，今取卿儿丑多以偿金色焉。"马氏悟觉，心不遑安。至晓，丑多得病而亡。庆年五十，唯有一子，悲哀之声，感于行路。丑多亡日，像自有金色，光照四邻，一里之内，咸闻香气。僧俗长幼，皆来观睹。尚书左仆射元顺闻里内频有怪异，遂改阜财里为齐谐里也。

自延酤以西，张方沟以东，南临洛水，北达芒山，其间东西二里，南北十五里，并名为寿丘里，皇宗所居也。民间号为"王子坊"。

当时四海晏清，八荒率职，缥囊纪庆，玉烛调辰。百姓殷阜，年登俗乐。鳏寡不闻犬豕之食，茕独不见牛马之衣。于是帝族王侯，外戚公主，擅山海之富，居川林之饶。争修园宅，互相夸竞。崇门丰室，洞户连房，飞馆生风，重楼起雾。高台芳榭，家家而筑；花林曲池，园园而有。莫不桃李夏绿，竹柏冬青。而河间王琛最为豪首。常与高阳争衡，造文柏堂，形如徽音殿，置玉井金罐，以五色缋为绳。妓女三百人，尽皆国色。有婢朝云，善吹篪，能为《团扇歌》《陇上声》。琛为秦州刺史，诸羌外叛，屡讨之不降。琛令朝云假为贫妪，吹篪而乞。诸羌闻之，悉皆流涕。迭相谓曰："何为弃坟井，在山谷为寇也？"即相率归降。秦民语曰："快马健儿，不如老妪吹篪。"琛在秦州，多无政绩，遣使向西域求名马，远至波斯国。得千里马，号曰"追风赤骥"。次有七百里者十余匹，皆有名字。以银为槽，金为环锁，诸王服其豪富。琛常语人云："晋室石崇，乃是庶姓，犹能雉头狐腋，画卵雕薪，况我大魏天王，不为华侈。"造迎风馆于后园，窗户之上，列钱青琐，玉凤衔铃，金龙吐佩。素柰朱李，树条入檐，伎女楼上，坐而摘食。琛常会宗室，陈诸宝器。金瓶银瓮百余口，瓯檠盘盒称是。自余酒器，有水晶钵、玛瑙琉璃碗、赤玉卮数十枚。作工奇妙，中土所无，皆从西域而来。又陈女乐及诸名马。复引诸王按行府库，锦罽珠玑，冰罗雾縠，充积其内，绣缬、绸绫、丝彩、越葛、钱绢等，不可数计。琛忽谓章武王融曰："不恨我不见石崇，恨石崇不见我。"融立性贪暴，志欲无限，见之叹惋，不觉生疾。还家卧三日不起。江阳王继来省疾，谓曰："卿之财产，应得抗衡，何为叹羡，以至于此？"融曰："常谓高阳一人，宝货多于融，谁知河间，瞻之在前。"继笑曰："卿欲作袁术之在淮南，不知世间复有刘备也？"融乃蹶起，置酒作乐。

于时国家殷富，库藏盈溢，钱绢露积于廊者，不可较数。及太后赐百官负绢，任意自取，朝臣莫不称力而去。唯融与陈留侯李崇负绢过任，蹶倒伤踝。太后即不与之，令其空出，时人笑焉。侍中崔光止取两匹。太后问曰："侍中何少？"对曰："臣有两手，唯堪两匹。所获多矣。"朝贵服其清廉。

经河阴之役，诸元歼尽，王侯第宅，多题为寺。寿丘里间，列刹相望，祇洹郁起，宝塔高凌。四月初八日，京师士女多至河间寺，观其廊庑绮丽，无不叹息，以为蓬莱仙室亦不是过。入其后园，见沟渎蹇产，石磴嶕峣，朱荷出池，绿萍浮水，飞梁跨阁，高树出云。咸皆唧唧，虽梁王兔苑，想之不如也。

【今译】

阜财里内有开善寺，本是京兆（京兆，属雍州，今陕西西安）人韦英的住宅。韦英早死，他的妻子梁氏不办丧事就改嫁了，招河内人向子集做丈夫，虽说改嫁，但仍旧住在韦英的住宅。韦英的鬼魂听说梁氏改嫁，就在白天回来，骑着马，带了几个人到庭院前，喊道："阿梁，你忘记我了吗？"向子集吃惊害怕，拉开弓来射他，他应箭跌倒，立即变成桃木人，他所骑的马变作茅草马，跟从的人尽变作蒲草人。梁氏害怕，就将住宅改作寺院。

南阳（南阳，即今河南南阳）人侯庆有铜佛像一尊，高一尺多。侯庆有一头牛，打算卖了牛来给佛像涂金色。因碰上急用，他就把卖牛的钱用了。过了两年，侯庆的妻子马氏忽然梦见这尊佛像对她说："你们夫妇欠我涂金这么久还没兑现，现在我要取你儿丑多来偿还欠我的涂金。"马氏醒来，心里不安。到天亮时，丑多得病死去。侯庆已经五十，只有一个儿子，他悲哀的声音，感动了过路的人。丑多死的那天，佛像自然有了金色，光彩照耀四邻，整个阜财里以内，都能闻到香气。僧人俗人，年长的年幼的，都来观看。尚书左仆射元顺听说里内多次有怪异的事，于是改阜财里为齐谐里（《魏书》卷十九中《元澄传》后附《元顺传》说：元顺字子和。史称：顺下帷读书，笃志爱古，有诗赋表颂数十篇。肃宗时，为给事黄门侍郎，兼殿中尚书，转侍中，除尚书，兼右仆射，后除征南将军，右光禄大夫，转兼左仆射。齐谐本人名，《庄子·逍遥游》云："齐谐者，志怪者也。"）。

自延酤以西，张方沟以东，南面靠近洛水，北面达到芒山，中间东西二里，南北十五里，都名为寿丘里，是皇族住的地方。民间称作"王子坊"。

当时四海清平，八方遵守职分。青白色的书囊（缥囊，泛指文史著作）记录庆典，四季和顺宜人，百姓富有，年丰俗乐。鳏夫寡妇不吃狗猪的食物，孤独的人不穿牛马的草衣。而帝族王侯、外戚公主，则占有山海的财富，积有川林的优利。争修园林住宅，互相夸耀攀比。高门众多的房屋，洞开的门，连接的房，飞腾的馆阁生出风来，重叠的楼台升起雾气。高台芳榭，家家筑起；花林曲池，园园都有。没有一家不是桃李夏天绿色成荫，竹柏冬天青叶连绵的。其中河间王元琛最是豪家之首（《魏书》卷二十《元琛传》：元琛，字昙宝。琛凭恃内外，多所受纳，贪惏之极）。经常同高阳王元雍争高低。元琛建造的文柏堂，形状像徽音殿，设有玉井金罐，用五色绦做绳。他有妓女三百人，都是国中极美的。有个婢女叫朝云，很会吹篪，特别擅长吹奏《团扇歌》《陇上声》。元琛做秦州刺史时（秦州在甘肃天水），众羌叛乱，屡次讨伐，他们都不投降。元琛命令朝云假扮贫苦的老妇，吹着篪讨吃，众羌人听了，都痛哭流涕，相对说道："为什么要背井离乡，在山谷中为贼寇？"于是相继前来归顺投降。秦州百姓说："快马健儿，不如老妪吹篪。"元琛在秦州，没有什么政绩，只是派使者向西域求好马，最远到过波斯国。他得到一匹千里马，取名"追风赤骥"。其次有能跑七百里的马十多匹，都有名字。他用银做马槽，用金做环锁，众王都佩服他的豪气。元琛经常对人说："晋朝石崇，是庶民的出身，还能够用野鸡毛、狐腋皮做衣服，鸡蛋和薪木上都雕刻图案，何况我大魏天王，怎能不豪华奢侈呢？"元琛在后园建造迎风馆，窗或门上面，排列着奢华的雕刻和装饰，排列着青钱的图案，连锁形的环纹，有玉凤衔着铃，金龙吐着佩带。素柰、朱李的枝条进入屋檐，歌伎在楼上坐着可以摘果子来吃。元琛经常会聚宗族，陈列众宝器。金瓶银瓮百多个，瓯（小盒）、檠（有脚的盘牒）、盘、盒数目相似。其余酒器，有水晶钵、玛瑙琉璃碗、赤玉卮数十个。这些东西做工奇妙，是中土所没有的，都是从西域来的。元琛还展示了女乐及众名马。再带领众王巡视库府，有织锦、毛织品、珠子、雪白的罗、像雾的薄纱，充满其中，有绣花的绸子、绸绫、彩丝、越葛、钱纹的绢等，不可计数。元琛忽然对章武王元融（《魏书》卷十九下《元融传》：元融，字永兴。肃宗时，除散骑常侍，青州刺史。还为秘书监，迁中护军，领河南尹。性尤贪残，恣情聚敛，为中尉纠弹，削除官爵）说："不遗憾我见不到石崇，而遗憾石崇见不到我。"元融生性贪暴，欲望是无限的，他见了元琛的财富后慨叹不止，不知不觉生了病，回家后卧床三天起不来。江阳王元继（《魏书》卷十六《元继传》：肃宗时，位至太尉公、侍中、太师、录尚书事。元继贪婪聚敛无已，牧守令长新除赴官，无不受纳货贿）来慰问，对他说："您的财产，应该可以和河间王抗衡，为什么叹美羡慕，竟到如此地步？"元融说："我经常说，高阳王元雍一人的宝贝比我多，谁知道河间王元琛还在他前面（此为歇后语，"瞻之在前，忽焉在后也。"语见《论语·子罕》篇）。"元继笑说："您要做在淮南称帝的袁术，却不知道世间还有刘备吗（汉末，袁术据九江称帝。后曹操起兵征术，术败走，欲过徐州奔袁谭，曹操使刘备徼之，不得过。术愤慨结病，呕血死。见《后汉书》卷一百五《袁术传》）？"元融听后急忙起来，设酒作乐。

当时国家富裕，库藏满溢，铜钱绢帛露积在走廊上的，不可计数。等到胡太后赐百官背绢，自己可以任意拿取，朝廷臣子没有不量力取绢的。只有元融与陈留侯李崇背绢超过自己能拿的数量，因而跌倒使足踝受伤。胡太后就不给他们绢了，让他们空着手出去，当时的人都嘲笑这事。侍中崔光（崔光见卷二秦太上君寺条）只拿了两匹绢。太后问道："侍中为什么拿那么少？"崔光对答道："臣有两只手，只能拿两匹。所获已经够多了。"朝贵都佩服他的清廉。

经过河阴一役，众位元姓皇族都被屠尽了。王侯的住宅，多数改作佛寺。寿丘里内，排列的佛寺相望，祇洹聚起，宝塔高耸。四月初八日，京城里的士子妇女多到河间寺，看到它的廊房绮丽，没有不赞叹的，认为蓬莱仙室也不能胜过。进入后园，看到沟渎曲折，石阶较高，红荷出池，绿萍浮水，飞空的桥梁横跨楼阁，高大的树木出于云上，都啧啧赞叹，即使是梁孝王的兔苑，料想也比不上。

○追先寺，在寿丘里，侍中尚书令东平王略之宅也。

略生而岐嶷，幼则老成。博洽群书，好道不倦。神龟中为黄门侍郎。元义专政，虐加宰辅，略密与其兄相州刺史中山王熙欲起义兵，问罪君侧。雄规不就，衅起同谋。略兄弟四人并罹涂炭，唯略一身逃命江左。萧衍素闻略名，见其器度宽雅，文学优赡，甚敬重之。谓曰："洛中如王者几人？"略对曰："臣在本朝之日，承乏摄官，至于宗庙之美，百官之富，鸳鸯接翼，杞梓成阴，如臣之比，赵咨所云：车载斗量，不可数尽。"衍大笑。乃封略为中山王，食邑千户，仪比王子。又除宣城太守，给鼓吹一部，剑卒千人。略为政清肃，甚有治声。江东朝贵，侈于矜尚，见略入朝，莫不惮其进止。寻迁信武将军，衡州刺史。孝昌元年，明帝宥吴人江革，请略归国。江革者，萧衍之大将也。萧衍谓曰："朕宁失江革，不得无王。"略曰："臣遭家祸难，白骨未收，乞还本朝，叙录存没。"因即悲泣，衍哀而遣之。乃赐钱五百万，金二百斤，银五百斤，锦绣宝玩之物，不可称数。亲帅百官送于江上，作五言诗赠者百余人。凡见礼敬如［亲］（此）比。略始济淮，明帝拜略侍中义阳王，食邑千户。略至阙，诏曰："昔刘苍好善，利建东平，曹植能文，大启陈国，是用声彪盘石，义郁维城。侍中义阳王略，体自藩华，门勋凤著，内润外朗，兄弟伟如。既见义忘家，捐生殉国，永言忠烈，何日忘之？往虽弛担为梁，今便言旋阙下，有志有节，能始能终。方传美丹青，悬诸日月，略前未至之日，即心立称，故封义阳。然国既边地，寓食他邑，求之二三，未为尽善。宜比德均封，追芳曩烈。可改封东平王，户数如前。"寻进尚书令，仪同三司。领国子祭酒，侍中如故。略从容闲雅，本自天资，出南入北，转复高迈。言论动止，朝野师模。建义元年薨于河阴，赠太保，谥曰文贞。嗣王景式舍宅为此寺。

【今译】

追先寺（按下文称此寺原为东平王元略宅，嗣王景式舍宅为寺，追先者，追念先人），在寿丘里。侍中尚书、东平王元略的住宅（《魏书》卷十九下《元略传》：肃宗孝昌元年返魏，封为侍中、尚书、东平王）。

　　元略生下来就挺秀俊茂，幼年就很老成。他博通群书，爱好学问，不以为倦。肃宗神龟年间（约518年），元略做了黄门侍郎。当时元义独揽朝政，虐害加到宰辅（指杀死清河王元怿），元略秘密同其兄长相州刺史、中山王元熙商量要起义兵，向在君主旁边的元义问罪（《魏书》卷十九下《元熙传》：熙字真兴。神龟初，为中山王、相州刺史。相州在今河南临漳县西）。宏大的规划没有成就，同谋的人却产生了嫌隙（史称元熙兵起甫十日，为其长史柳元章所执，元熙及其三子同时遇害）。元略兄弟四人中，三人都遭到杀害，只有元略只身逃到江东（元熙及其弟元诱、元纂为元义所杀）。萧衍向来听说元略的名望，看见他度量宽雅，博学多闻，很敬重他，对他说："洛阳像您这样的还有几个人？"元略对答道："臣子在本朝的日子，因为缺人而暂时代任。至于宗庙之美，百官之富，好比鸳鸯和鸾凤，翅膀相接；杞树和梓树，绿叶成阴。像臣这样，就像赵咨说的，用车来载，用斗来量，不可以数尽。"（《三国志·吴书》卷二《吴主权》注：赵咨，字德度，汉末南阳〔今属河南省〕人。孙权遣咨使魏，魏文帝问曰："吴如大夫者几人？"咨曰："聪明特达者八九十人，如臣之比，车载斗量，不可胜数。"）萧衍听后大笑。于是封元略为中山王，食邑千户，规格和王子一样。又封元略做宣城太守，给他一支演奏鼓吹乐的乐队，一千佩剑的士兵。元略处理政事主张清廉简肃，很有政绩优异的名声。江南的朝廷贵臣，崇尚自夸，但看见元略上朝，没有不怕他的举动。不久，萧衍升他做信武将军、衡州刺史（衡州在广东英德县西七十里）。魏肃宗孝昌元年（525年），肃宗敕宥吴人江革（《梁书》卷三十六《江革传》：江革字休映，济阳考城〔今属河南考城县东南〕人，镇守彭城，魏攻下彭城，擒江革），说可以放他回梁，但作为交换，请梁也放元略回魏。江革是萧衍的大将，萧衍对人说："我宁可失掉江革，但不能没有元略。"元略说："臣一家遭受祸难，白骨没有收敛，请求回到本朝，使得活着的、死去的都得到记载。"他因此而悲伤哭泣，萧衍怜悯他，同意放他回去，又赐给他五百万钱、二百斤金子、五百斤银子，其余锦绣珍宝多到不可以称名和计数。萧衍还亲自率领百官送到长江上，作五言诗来送的有百多人。种种礼节，像送亲人一样。元略刚渡过淮河，魏孝明帝就封元略为侍中、义阳王（义阳在今河南省信阳县），食千户。元略到达宫廷后，皇帝下诏说："从前刘苍（刘苍，汉光武帝刘秀第八子，封东平王。明帝曾问苍"何者最乐"，苍言"为善最乐"）喜欢做善事，有利于建设东平郡；曹植（曹植，曹操之子，曹丕胞弟。以陈四县封植为陈王。年十岁余，诵读诗论及辞赋数十万言，善属文，为建安文学代表人物之一）能做文章，大大提高了陈国的声望。因此声望像磐石，意义像城池。侍中义阳王元略是出身皇族的精英，以门第、功勋卓越著称，内心温润，对外开朗，兄弟都很伟大。既见义不顾家庭，为国捐生，永远的忠烈，哪一天忘了呢？他过去虽然在梁国任职，但现在已回到朝廷，有志有节，能始能终。应当让史书记载他的美德，与日月争光。元略未到的日子，我已在心里确立他的地位，所以封他为义阳王。然而封国既在边界，食户又涉他邑，再三考虑还是觉得不好。应该比照德行加以封赐，追美先贤功业。所以可以改封为东平王，户数如前。"不久，皇帝又进封元略为尚书令，仪同三司，并兼任国子祭酒、侍中照旧。元略从容闲雅，本来出自天性，他离开南方回到北方，年事又高。他的言论动静，为朝廷和民间效法和摹仿。建义元年（528年），元略死在河阴（尔朱荣入洛，杀元略），赠太保，谥文贞。嗣王元景式捐出元略的住宅改造为追先寺。

○融觉寺，清河文献王怿所立也，在阊阖门外御道南。有五层浮图一所，与冲觉寺齐等。佛殿僧房，充溢三里。比丘昙谟最善于禅学，讲《涅槃》《华严》，僧徒千人。天竺国胡沙门菩提流支见而礼之，号为"菩萨"。

流支解佛义，知名西土，诸夷号为罗汉，晓魏言及隶书，翻《十地》《楞伽》及诸经论二十三部。虽石室之写金言，草堂之传真教，不能过也。

流支读昙谟最《大乘义章》，每弹指赞叹，唱言微妙。即为胡书写之,传之于西域,西域沙门常东向遥礼之,号昙谟最为"东方圣人"。

【今译】

融觉寺,是清河文献王元怿建造的,在阊阖门外御路的南面。寺中有一座五层宝塔,规模与冲觉寺一样(冲觉寺也是元怿建造的,见前)。佛殿僧房,方圆三里。和尚昙谟最善于讲佛学,他讲解《涅槃经》《华严经》(《涅槃经》《华严经》皆大乘经典。《大般涅槃经》有北凉昙无谶译本,凡四十卷。《大方广佛华严经》,东晋佛驮跋陀罗译本,凡六十卷。昙谟最事迹,详见卷二崇真寺条注),有僧徒千人。天竺国的和尚菩提流支见他就行礼,称他为菩萨(《续高僧传》卷一云:菩提流支,魏称他道希,北天竺人。遍通三藏,妙入总持。魏国永平初〔508年〕,来游东方的中国,魏宣武帝下令将他安置在永宁大寺,衣食住行四事将给七百个印度僧人服侍他,命令以流支为翻译佛经的元匠)。

流支解释佛的意义,在印度很有名,外国众僧称他为罗汉。他懂魏国话和隶书,翻译《十地经》《楞伽经》及众经论二十三部(《续高僧传·流支传》云:"三藏流支自洛及邺,爰至天平〔今河南林县西天平山〕,二十余年,凡所出经三十九部,一百二十七卷,即《佛名》《楞伽》《法集》《深密》等经,《胜思唯》《大宝积》《法华》《涅槃》等论是也。并沙门僧朗、道湛及侍中崔光等笔受。具列《唐贞观内典录》。"此称流支所翻经论二十三部,少十六部,盖所据经录不同)。即使是石室的写金言,草堂的传佛教,也不能胜过他("石室之写金言",指后汉明帝永明中摄摩腾至洛阳译《四十二章经》,藏于兰台石室。"草堂之传真教",指鸠摩罗什,是天竺和尚,后秦弘始三年冬至长安,姚兴请他在长安草堂寺译经论十多部)。

菩提流支读昙谟最讲佛教的《大乘义章》,每次都弹指赞叹,说讲得深微巧妙,就用天竺文翻译了它,传到天竺去。天竺和尚经常向东遥远地表示敬礼,称昙谟最是东方圣人。

○大觉寺,广平王怀舍宅〔立〕也,在融觉寺西一里许。北瞻芒岭,南眺洛汭,东望宫阙,西顾旗亭,禅皋显敞,实为胜地。

是以温子昇碑云:"面水背山,左朝右市。"是也。
怀所居之堂,上置七佛,林池飞阁,比之景明。至于春风动树,则兰开紫叶;秋霜降草,则菊吐黄花。名僧大德,寂以遣烦。永熙年中,平阳王即位,造砖浮图一所。是土石之工,穷精极丽,诏中书舍人温子昇以为文也。

【今译】

大觉寺,是广平王元怀捐出住宅改造的(广平王元怀,已见卷二平等寺条)。在融觉寺西一里左右。北面看芒山,南面临洛汭,东面望宫阙,西面顾旗亭。寺中的高地显明宽敞(皋指高地），实在是好地方。

　　因此温子昇的碑文说："面对洛水，背对芒山，左面是朝廷，右面是市集。"的确是这样。

元怀所住的厅堂，安放着七座佛像（释迦继六佛而成道，合称七佛。六佛的名称佛典所说各有不同，故不列出），寺里有林池，有飞阁，可以和景明寺（景明寺见卷三）相比。当春风吹树，兰草就开放紫瓣；秋霜降草，金菊就吐出黄花。名僧大德，就来这里静修，排遣烦扰。永熙年中（533年），平阳王即魏帝位（平阳王即孝武帝元修），造了一座砖宝塔。土石的工艺，极尽精丽，孝武帝又命中书舍人温子昇作了大觉寺碑文。

○永明寺，宣武皇帝所立也，在大觉寺东。时佛法经像盛于洛阳，异国沙门，咸来辐辏，负锡持经，适兹乐土。世宗故立此寺以憩之。房庑连亘，一千余间。庭列修竹，檐拂高松，奇花异草，骈阗阶砌。百国沙门，三千余人。

　　西域远者，乃至大秦国。尽天地之西垂，耕耘绩纺，百姓野居，邑屋相望，衣服车马，拟仪中国。

　　南中有歌营国，去京师甚远，风土隔绝，世不与中国交通，虽二汉及魏，亦未曾至也。今始有沙门菩提拔陁至焉。自云："北行一月，至句稚国，北行十一日，至典孙国，从典孙国北行三十日，至扶南国。方五千里，南夷之国，最为强大。民户殷多，出明珠金玉及水精珍异，饶槟榔。从扶南国北行一月，至林邑国。出林邑，入萧衍国。"拔陁至扬州岁余，随扬州比丘法融来至京师。京师沙门问其南方风俗，拔陁云："古有奴调国，乘四轮马为车。斯调国出火浣布，以树皮为之，其树入火不燃。凡南方诸国，皆因城郭而居，多饶珍丽，民俗淳善，质直好义，亦与西域、大秦、安息、身毒诸国交通往来。或三方四方，浮浪乘风，百日便至。率奉佛教，好生恶杀。"

寺西有宜年里，里内有陈留王景皓、侍中安定公胡元吉等二宅。

景皓者，河州刺史陈留庄王祚之子。立性虚豁，少有大度，爱人好士，待物无遗。凤善玄言道家之业，遂舍半宅安置佛徒，演唱大乘数部。并进京师大德超、光、晖、荣四法师，三藏胡沙门菩提流支等咸预其席。诸方伎术之士，莫不归赴。时有奉朝请孟仲晖者，武威人也。父宾，金城太守。晖志性聪明，学兼释氏，四谛之义，穷其旨归。恒来造第，与沙门论议，时号为"玄宗先生"。晖遂造人中夹纻像一躯，相好端严，希世所有。置皓前厅，须弥宝坐。永安二年中，此像每夜行绕其坐，四面脚迹，隐地成文。于是士庶异之，咸来观瞩。由是发心者，亦复无量。永熙三年秋，忽然自去，莫知所之。其年冬，而京师迁邺。

武定五年，晖为洛州开府长史，重加采访，寥无影迹。

出阊阖门城外七里，有长分桥。

中朝时以谷水浚急，注于城下，多坏民家，立石桥以限之，长则分流入洛，故名曰长分桥。或云：晋河间王在长安遣张方征长沙王，营军于此，因名为张方桥也。未知孰是。今民间语讹，号为张夫人桥。

朝士送迎，多在此处。

长分桥西，有千金堰。

计其水利，日益千金，因以为名。

昔都水使者陈飏所造，令备夫一千，岁恒修之。

【今译】

永明寺，是魏世宗宣武皇帝元恪建造的，在大觉寺东面。当时佛法、佛经、佛像，在洛阳极盛，异国的和尚，都来这里聚会，背着锡杖，拿着佛经，来到这乐土。世宗因此建造了这座寺来让他们休息。寺中房屋相连，有一千多间。庭中种植着长长的竹子，檐子上有高的松树在拂动。奇花异草，并立着填满阶石石砌。各国和尚，来的有三千多人。

西域来的和尚，远的甚至来自大秦国（北魏时所称的大秦，即当时的罗马帝国）。大秦国远在天地西边的尽头，他们耕种纺织，百姓在野地里住，城市里屋子相望，穿衣服，坐车马，种种仪制，都和我们相似。

南方有歌营国（歌营，法人伯希和谓盖在今之马来半岛南。见冯承钧《西域南海史地译丛》），距离京城很远。风土隔绝，历代不与中国交通，虽两汉与魏，也未曾来往过。现在才有和尚菩提拔陁来到。他自己说："从歌营国向北走一个月，到句稚国（《太平御览》卷七九〇引万震《南州异物志》："句稚去典逊八百里。"），又向北行十一日，到典孙国（典孙在今之马来半岛），从典孙国北行三十日，到扶南国（扶南，伯希和考证在今之柬埔寨及下南圻）。它方圆五千里，在南夷之国中，最为强大。民户殷实众多，出产明珠、金玉及水晶等珍异，盛产槟榔。从扶南国北行一个月，到林邑国（林邑国，今之越南本部）。出林邑国，入萧衍国。"拔陁至扬州一年多，随扬州比丘法融来到京城。京城的和尚问他南方风俗，拔陁说："古时有奴调国（奴调国，史书无记载，一说在今南洋群岛中），乘用马拉的四轮车。又有斯调国（斯调国，一说在今斯里兰卡，一说在今印度尼西亚爪哇），出火浣布，是用树皮做的，入火不燃。凡是南方众国，都靠着城墙居住，多富有珍宝珠玉，民间风俗善良，质朴好义，也同西域、大秦、安息、身毒诸国互相往来（安息国在葱岭西，大月氏以西；身毒即印度）。或三方四方，浮浪乘风，只要百天便到。他们大都信仰佛教，爱护生灵，厌恶杀戮。"

永明寺西有宜年里，里内有陈留王元景皓、侍中安定公胡元吉（陈留王，爵位。元景皓，元祚之子，详见下文。胡元吉，名祥，字元吉。见《魏书》卷八十三下《胡国珍传》。下未及胡元吉事，不知何故）两座宅子。

元景皓，是河州刺史陈留庄王元祚的儿子（河州在今甘肃导河县。这里用个"庄"字，是因为元祚开始没有袭封陈留王。《北史》卷十五《魏诸宗室传》："初，〔陈留王〕建以子罪失爵，祚欲求本封。有司奏听祚袭公，其王爵不轻，共求更议，诏从之。卒于河州刺史。"他生时称公，即庄公，死后袭爵称陈留王）。他生性虚怀若谷，年轻时就度量大，爱惜百姓，喜欢士子，待人接物十分周到。元景皓素来善于讲玄言和有关佛家的事，于是捐出一半住宅安顿佛教徒，讲大乘教（《华严经》《涅槃经》《法华经》都是大乘教），并且引进京城中大德僧超、慧光、智眺、道荣四位法师，三藏外国和尚菩提流支都位列他的席间（超、光、眺、荣，范祥雍《校注》："超疑是僧超，眺疑是智诞，眺、诞字形相近而讹。二人亦见于《释老志》……慧光为少林寺佛陀禅师之弟子，《续高僧传》卷二十七有传。荣疑是道荣，曾到僧伽施国，即本书卷五宋云示经所引《道荣传》者。"三藏，原指佛教经典的总集。后把通晓三藏的僧人称为"三藏法师"）。四方精通法术之士，没有不来归附的。当时有奉朝郎孟仲晖，是武威（武威属甘肃省）人。父孟宾，金城（金城在今甘肃兰州）太守。孟仲晖性情聪明，兼通佛学，四谛（四谛，即苦谛、集圣谛、灭圣谛、道圣谛）的意义，他都完全了解。他常常来访，与和尚们议论佛学。当时的人称他为玄宗先生。孟仲晖造卢舍那佛法界人中像一尊（见卷二《崇真寺》注），是用夹纻（按夹纻为塑像的一种方法。纻，苎麻纤维织成的布）造的。佛像相貌端庄严肃，是世间少有的。这尊像放在景皓前厅的佛像宝座上（须弥座，又叫金刚座，系佛像底座）。永安二年中（孝庄帝年号，即529年），此佛像每夜绕着座位行走，四面的脚印隐约地留在地上成为纹路。士人和庶民觉得奇异，都来观看。因此而发愿的，也无法计数。永熙三年（孝武帝年号，即534年）秋，佛像忽然自己离开了，不知道他去了哪里。这年冬天，京城迁到邺地。武定五年（孝静帝年号，即547年），孟仲晖作为洛州（洛州，今陕西商县）开府长史，重新加以寻访，但完全没有影迹。

出阊阖门城外七里，有长分桥。

晋中朝时因谷水深急，流到城下，多次冲坏民宅，于是建造了一座石桥来阻挡它。水涨便分水流入洛河，所以叫长（涨）分桥。又说：晋朝河间王司马颙在长安派张方征讨长沙王司马乂，驻军在此，因此叫张方桥，不知谁说得对。现在民间传说时错讹，号为张夫人桥。

朝廷士人送客或迎客，多在这里。

长分桥西，有千金堰。

计算一下河堰治水带来的利益，每天可增加千金的收入，因此用"千金"来命名。

这道堰从前是都水使者陈勰所造，后又备了一千人，每年都修缮它（照陈勰说的，应叫千人堰，后误为千金堰）。

洛阳伽蓝记卷第五
城北

○禅虚寺，在大夏门外御道西。寺前有阅武场，岁终农隙，甲士习战，千乘万骑，常在于此。

有羽林马僧相善角抵戏，掷戟与百尺树齐等。虎贲张车渠，掷刀出楼一丈。帝亦观戏在楼，恒令二人对为角戏。中朝时，宣武场在大夏门东北，今为光风园，苜蓿生焉。

【今译】

禅虚寺，在大夏门外御道西。寺前有阅武场，年底农民空暇时，披甲的兵士练习作战，千军万马，常常聚在这里（自汉以降，累世多于仲冬岁终之际大阅。张衡《东京赋》云"岁唯仲冬，大阅西园"是也）。

有羽林军马僧相善于作角抵戏（角，角材也。抵，相抵触也），抛掷戟与百尺树等高。有虎贲军张车渠，抛掷刀可高出楼阁一丈。

皇帝也在楼上观看表演（帝当为肃宗），经常令二人相对作角抵戏的表演。

西晋时，宣武场在大夏门东北。现在为光风园，已长满了苜蓿（《汉书·西域传》云：罽宾有苜蓿、大宛马。武帝时，得其马。汉使采苜蓿种归，天子益种离宫别馆旁。苜蓿，草本植物名，可作牛马等的饲料。《西京杂记》云："苜蓿一名怀风,时人或谓光风。"〕)。

○凝玄寺,阉官济州刺史贾璨所立也。在广莫门外一里御道东,所谓永平里也。

注:即汉太上王广处。迁京之初,创居此里,值母亡,舍以为寺。

地形高显,下临城阙,房庑精丽,竹柏成林,实是净行息心之所也。王公卿士来游观,为五言者,不可胜数。

洛阳城东北有上商里,殷之顽民所居处也。高祖名闻义里。

迁京之始,朝士住其中,迭相讥刺,竟皆去之。唯有造瓦者止其内,京师瓦器出焉。世人歌曰:"洛城东北上商里,殷之顽民昔所止。今日百姓造瓮子,人皆弃去住者耻。"唯冠军将军郭文远游憩其中,堂宇园林,匹于邦君。时陇西李元谦乐双声语,常经文远宅前过,见其门阀华美,乃曰:"是谁第宅?过佳!"婢春风出曰:"郭冠军家。"元谦曰:"凡婢双声!"春风曰:"儜奴慢骂!"元谦服婢之能,于是京邑翕然传之。

【今译】

凝玄寺,是宦官济州刺史贾璨所建造的(璨,《魏书》卷九十四《阉官传》作"粲",云:粲字季宣,酒泉〔今属甘肃省〕人。……世宗末，渐被知识，得充内侍。迁光禄大夫。灵太后之废，粲与元义、刘腾等伺帝动静，还闭太后于宣光殿。太后反政，乃出粲为济州刺史。未几，遣刁宣杀之。〔济州，今山东茌平县西南〕）。在广莫门外一里御路东，所谓永平里的地方。

凝玄寺即汉太上王庙（此处"广"疑为"庙"之讹，繁体"廟"俗作"廎"，与"廣"近）处。迁都初期，贾璨在永平里中建房居住。母亲死后，他捐出住宅改作凝玄寺。地形高显，下面靠着宫城，房屋精美，竹子、柏树成林，实在是静修心思的处所。王公卿士来游观，写五言诗的不可计数。

洛阳城东北有上商里，是殷的不服从新朝的遗民所聚居的地方。高祖取名叫闻义里。

迁都之初，朝廷上的士人住在这里，屡次相互讥讽，后来都搬走了，只有造瓦的工匠住在里边，京城的瓦器都是这里产的。世人作歌说："洛城东北上商里，殷之顽民昔所止。今日百姓造瓮子，人皆弃去住者耻。"只有冠军将军郭文远在那里游乐休息，他的堂屋园林，可与王侯相比。当时陇西李元谦喜欢双声语，曾经从郭文远的住宅前经过，看见他的府门华美，说："是谁第宅？过佳！"婢女春风出来说："郭冠军家。"李元谦说："凡婢双声！"春风说："儜奴慢骂！"李元谦很佩服婢女的才华，于是京城里很快将这事传了出去（按"是谁"是禅母，"过佳"及"郭冠军家"是见母，"凡婢"是奉母，"双声"是审母，"儜奴"是泥母，"慢骂"是明母，都是双声字。以此双声语互相嘲戏，乃一时文士之习尚，南北皆然，故当时之奴婢也能为之）。

○闻义里有敦煌人宋云宅，云与惠生俱使西域也。

神龟元年十一月冬，太后遣崇立寺比丘惠生向西域取经，凡得一百七十部，皆是大乘妙典。

初发京师，西行四十日，至赤岭，即国之西疆也。皇魏关防，正在于此。

赤岭者，不生草木，因以为名。其山有鸟鼠同穴。异种共类，鸟雄鼠雌，共为阴阳，即所谓鸟鼠同穴。

发赤岭，西行二十三日，渡流沙，至吐谷浑国。路中甚寒，多饶风雪，飞沙走砾，举目皆满，唯吐谷浑城左右暖于余处。其国有文字，况同魏，风俗政治，多为夷法。

从吐谷浑西行三千五百里，至鄯善城。其城自立王，为吐谷浑所吞。今城是吐谷浑第二息宁西将军，总部落三千，以御西胡。

从鄯善西行一千六百四十里，至左末城。城中居民可有百家，土地无雨，决水种麦，不知用牛，耒耜而田。城中图佛与菩萨，乃无胡貌，访古老，云是吕光伐胡时所作。从左末城西行一千二百七十五里，至末城。城傍花果似洛阳，唯土屋平头为异也。

从末城西行二十二里，至捍麽城。城南十五里有一大寺，三百余僧众。有金像一躯，举高丈六，仪容超绝，相好炳然，面恒东立，不肯西顾。父老传云：此像本从南方腾空而来，于阗国王亲见礼拜，载像归，中路夜宿，忽然不见，遣人寻之，还来本处。王即起塔，封四百户以供洒扫。户人有患，以金箔贴像所患处，即得阴愈。后人于此像边造丈六像及诸像塔，乃至数千，悬彩幡盖，亦有万计。魏国之幡过半矣。幡上隶书，多云太和十九年、景明二年、延昌二年。唯有一幡，观其年号是姚兴时幡。

从捍䩹城西行八百七十八里，至于阗国。王头着金冠，似鸡帻，头后垂二尺生绢，广五寸，以为饰。威仪有鼓角金钲，弓箭一具，戟二枝，槊五张。左右带刀，不过百人。其俗妇人袴衫束带，乘马驰走，与丈夫无异。死者以火焚烧，收骨葬之，上起浮图。居丧者，剪发劓面，以为哀戚。发长四寸，即就平常。唯王死不烧，置之棺中，远葬于野，立庙祭祀，以时思之。

于阗王不信佛法。有商胡将一比丘名毗卢旃在城南杏树下，向王伏罪云："今辄将异国沙门来在城南杏树下。"王闻忽怒，即往看毗卢旃。旃语王曰："如来遣我来，令王造覆盆浮图一所，使王祚永隆。"王言："令我见佛，当即从命。"毗卢旃鸣钟告佛，即遣罗睺罗变形为佛，从空而现真容。王五体投地，即于杏树下置立寺舍，画作罗睺罗像。忽然自灭，于阗王更作精舍笼之。今覆瓮之影，恒出屋外，见之者无不回向。其中有辟支佛靴，于今不烂，非皮非彩，莫能审之。

案于阗国境,东西不过三千余里。

神龟二年七月二十九日入朱驹波国。人民山居,五谷甚丰,食则面麦,不立屠煞。食肉者,以自死肉。风俗言音与于阗相似,文字与婆罗门同。其国疆界可五日行遍。

八月初入汉盘陀国界。西行六日,登葱岭山。复西行三日,至钵盂城。三日至不可依山。其处甚寒,冬夏积雪。

山中有池,毒龙居之。昔有三百商人,止宿池侧,值龙忿怒,泛杀商人。盘陀王闻之,舍位与子,向乌场国学婆罗门咒,四年之中,尽得其术。还复王位,就池咒龙。龙变为人,悔过向王。王即徙之葱岭山,去此池二千余里。今日国王十三世祖也。

自此以西,山路欹侧,长坂千里,悬崖万仞,极天之阻,实在于斯。太行孟门,匹兹非险,崤关陇坂,方此则夷。自发葱岭,步步渐高,如此四日,乃得至岭。依约中下,实半天矣。汉盘陀国正在山顶。自葱岭已西,水皆西流,世人云是天地之中。人民决水以种,闻中国田待雨而种,笑曰:"天何由可共期也?"城东有孟津河,东北流向沙勒。葱岭高峻,不生草木。是时八月,天气已冷,北风驱雁,飞雪千里。

九月中旬入钵和国。高山深谷,崄道如常。国王所住,因山为城。人民服饰，唯有毡衣。地土甚寒，窟穴而居。风雪劲切，人畜相依。国之南界有大雪山，朝融夕结，望若玉峰。

十月之初，至嚈哒国。土田庶衍，山泽弥望，居无城郭，游军而治。以毡为屋，随逐水草，夏则迁凉，冬则就温。乡土不识，文字礼教俱阙。阴阳运转，莫知其度，年无盈闰，月无大小，周十二月为一岁。受诸国贡献，南至牒罗，北尽敕勒，东被于阗，西及波斯，四十余国皆来朝贡。王居大毡帐，方四十步，周回以氍毹为壁。王着锦衣，坐金床，以四金凤凰为床脚。见大魏使人，再拜跪受诏书。至于设会，一人唱，则客前；后唱，则罢会。唯有此法，不见音乐。

嚈哒国王妃亦着锦衣，长八尺奇，垂地三尺，使人擎之，头带一角，长三尺，以玫瑰五色珠装饰其上。王妃出则舆之，入坐金床，以六牙白象四狮子为床。自余大臣妻皆随伞，头亦似有角，团圆下垂，状似宝盖。

观其贵贱，亦有服章。四夷之中，最为强大。不信佛法，多事外神。杀生血食，器用七宝。诸国奉献，甚饶珍异。

　　按嚈哒国去京师二万余里。

十一月初入波知国。境土甚狭，七日行过。人民山居，资业穷煎，风俗凶慢，见王无礼。国王出入，从者数人。其国有水，昔日甚浅，后山崩截流，变为二池。毒龙居之，多有灾异。夏喜暴雨，冬则积雪，行人由之，多致艰难。雪有白光,照耀人眼,令人闭目,茫然无见。祭祀龙王,然后平复。

十一月中旬入赊弥国。此国渐出葱岭,土田墝埆,民多贫困。峻路危道,人马仅通。一直一道,从钵卢勒国向乌场国,铁锁为桥,悬虚而度,下不见底,旁无挽捉,倏忽之间,投躯万仞,是以行者望风谢路耳。

十二月初入乌场国。北接葱岭,南连天竺,土气和暖,地方数千里。民物殷阜,匹临淄之神州;原田膴膴,等咸阳之上土。鞞罗施儿之所,萨埵投身之地,旧俗虽远,土风犹存。国王精进,菜食长斋,晨夜礼佛,击鼓吹贝,琵琶箜篌,笙箫备有。日中已后,始治国事。假有死罪,不立杀刑,唯徙空山,任其饮啄。事涉疑似,以药服之,清浊则验。随事轻重,当时即决。土地肥美,人物丰饶。五谷尽登,百果繁熟。夜闻钟声,遍满世界。土饶异花,冬夏相接,道俗采之,上佛供养。

国王见宋云云大魏使来,膜拜受诏书。闻太后崇奉佛法,即面东合掌,遥心顶礼。遣解魏语人问宋云曰:"卿是日出人也?"宋云答曰:"我国东界有大海水,日出其中,实如来旨。"王又问曰:"彼国出圣人否?"宋云具说周孔庄老之德,次序蓬莱山上银阙金堂,神仙圣人并在其上,说管辂善卜,华陀治病,左慈方术,如此之事,分别说之。王曰:

"若如卿言，即是佛国，我当命终，愿生彼国。"

宋云于是与惠生出城外，寻如来教迹。水东有佛晒衣处。初，如来在乌场国行化，龙王嗔怒，兴大风雨，佛僧迦梨表里通湿。雨止，佛在石下东面而坐，晒袈裟。年岁虽久，彪炳若新。非直条缝明见，至于细缕亦彰。乍往观之，如似未彻，假令刮削，其文转明。佛坐处及晒衣所，并有塔记。

水西有池，龙王居之。池边有一寺，五十余僧。龙王每作神变，国王祈请，以金玉珍宝投之池中，在后涌出，令僧取之。此寺衣食，待龙而济，世人名曰龙王寺。

王城北八十里，有如来履石之迹，起塔笼之。履石之处，若践水泥，量之不定，或长或短。今立寺，可七十余僧。塔南二十步，有泉石。佛本清净，嚼杨枝，植地即生，今成大树，胡名曰婆楼。

城北有陀罗寺，佛事最多。浮图高大，僧房逼侧，周匝金像六千躯。王年常大会，皆在此寺，国内沙门，咸来云集。宋云、惠生见彼比丘戒行精苦，观其风范，特加恭敬。遂舍奴婢二人，以供洒扫。

去王城东南，山行八日，至如来苦行投身饲饿虎之处。高山龙嵸，危岫入云。嘉木灵芝，丛生其上。林泉婉丽，花彩曜目。宋云与惠生割舍行资，于山顶造浮图一所，刻石隶书，铭魏功德。山有收骨寺，三百余僧。

王城南一百余里，有如来昔在摩休国剥皮为纸、折骨为笔处。阿育王起塔笼之，举高十丈。折骨之处，髓流着石，观其脂色，肥腻若新。

王城西南五百里，有善持山，甘泉美果，见于经记。山谷和暖，草木冬青。当时太簇御辰，温炽已扇，鸟鸣春树，蝶舞花丛。宋云远在绝域，因瞩此芳景，归怀之思，独轸中肠，遂动旧疹，缠绵经月，得婆罗门咒，然后平善。

山顶东南，有太子石室，一口两房。太子室前十步，有大方石。云太子常坐其上，阿育王起塔记之。塔南一里，有太子草庵处。去塔一里，东北下山五十步，有太子男女绕树不去，婆罗门以杖鞭之，流血洒地处，其树犹存。洒血之地，今为泉水。室西三里，天帝释化为师子，当路蹲坐遮嫚妖之处。石上毛尾爪迹，今悉炳然。阿周陀窟及闪子供养盲父母处，皆有塔记。

山中有昔五百罗汉床，南北两行相向坐处，其次第相对。有大寺，僧徒二百人。太子所食泉水北有寺，恒以驴数头运粮上山，无人驱逐，自然往还。寅发午至，每及中餐。此是护塔神湿婆仙使之然。

此寺昔日有沙弥，常除灰，因入神定。维那挽之，不觉皮连骨离。湿婆仙代沙弥除灰处，国王与湿婆仙立庙，图其形像，以金傅之。

隔山岭有婆籽寺，夜叉所造。僧徒八十人。云罗汉、夜叉常来供养，洒扫取薪，凡俗比丘，不得在寺。大魏沙门道荣至此礼拜而去，不敢留停。

至正光元年四月中旬，入乾陀罗国。土地亦与乌场国相似，本名业波罗国，为嚈哒所灭，遂立敕懃为王。治国以来，已经二世。立性凶暴，多行杀戮，不信佛法，好祀鬼神。国中人民，悉是婆罗门种，崇奉佛教，好读经典，忽得此王，深非情愿。自恃勇力，与罽宾争境，连兵战斗，已历三年。王有斗象七百头，一负十人，手持刀楂，象鼻缚刀，与敌相击。王常停境上，终日不归，师老民劳，百姓嗟怨。宋云诣军，通诏书，王凶慢无礼，坐受诏书。宋云见其远夷不可制，任其倨傲，莫能责之。王遣传事谓宋云曰："卿涉诸国，经过险路，得无劳苦也？"宋云答曰："我皇帝深味大乘，远求经典，道路虽险，未敢言疲。大王亲总三军，远临边境，寒暑骤移，不无顿弊？"王答曰："不能降服小国，愧卿此问。"宋云初谓王是夷人，不可以礼责，任其坐受诏书，及亲往复，乃有人情，遂责之曰："山有高下，水有大小，人处世间，亦有尊卑，嚈哒、乌场王并拜受诏书，大王何独不拜？"王答曰："我见魏主则拜，得书坐读，有何可怪？世人得父母书，犹自坐读，大魏如我父母，我亦坐读书，于理无失。"云无以屈之。遂将云至一寺，供给甚薄。时跋提国送狮子儿两头与乾陀罗王，云等见之，观其意气雄猛，中国所画，莫参其仪。

于是西行五日，至如来舍头施人处。亦有塔寺，二十余僧。复西行三日，至辛头大河。河西岸上，有如来作摩竭大鱼，从河而出，十二年中以肉济人处。起塔为记，石上犹有鱼鳞纹。

复西行三日，至佛沙伏城。川原沃壤，城郭端直，民户殷多，林泉茂盛。土饶珍宝，风俗淳善。其城内外，凡有古寺。名僧德众，道行高奇。城北一里有白象宫，寺内佛事，皆是石像，庄严极丽，头数甚多，通身金箔，眩耀人目。寺前系白象树，此寺之兴，实由兹焉。花叶似枣，季冬始熟。父老传云："此树灭，佛法亦灭。"寺内图太子夫妻以男女乞婆罗门像，胡人见之，莫不悲泣。

复西行一日，至如来挑眼施人处。亦有塔寺，寺石上有迦叶佛迹。

复西行一日，乘船渡一深水，三百余步。复西南行六十里，至乾陀罗城。东南七里，有雀离浮图。

《道荣传》云：城东四里。

推其本缘，乃是如来在世之时，与弟子游化此土，指城东曰："我入涅槃后二百年，有国王名迦尼色迦在此处起浮图。"佛入涅槃后二百年，果有国王字迦尼色迦出游城东，见四童子累牛粪为塔,可高三尺,俄然即失。

《道荣传》云:童子在虚空中向王说偈。

王怪此童子,即作塔笼之。粪塔渐高,挺出于外,去地四百尺,然后止。

王更广塔基三百余步。

《道荣传》云:三百九十步。

从地构木,始得齐等。

《道荣传》云:其高三丈,悉用文石为阶砌、栌栱,上构众木,凡十三级。

上有铁柱,高三百尺,金盘十三重,合去地七百尺。

《道荣传》云:铁柱八十八尺,八十围,金盘十五重,去地六十三丈二尺。

施功既讫,粪塔如初,在大塔南三百步。时有婆罗门不信是粪,以手探看,遂作一孔,年岁虽久,粪犹不烂,以香泥填孔,不可充满。今有天宫笼盖之。

雀离浮图自作以来,三经天火所烧,国王修之,还复如故。

父老云:"此浮图天火七烧,佛法当灭。"

《道荣传》云:王修浮图,木工既讫,犹有铁柱,无有能上者。王于四角起大高楼,多置金银及诸宝物,王与夫人及诸王子悉在楼上烧香散花,至心请神,然后辘轳绞索,一举便到。故胡人皆云四天王助之,若其不尔,实非人力所能举。

塔内佛事，悉是金玉，千变万化，难得而称。旭日始开，则金盘晃朗，微风渐发，则宝铎和鸣。西域浮图，最为第一。

此塔初成，用真珠为罗网覆于其上。于后数年，王乃思量，此珠网价直万金，我崩之后，恐人侵夺。复虑大塔破坏，无人修补。即解珠网，以铜镬盛之，在塔西北一百步掘地埋之。上种树，树名菩提，枝条四布，密叶蔽天。树下四面坐像，各高丈五，恒有四龙典掌此珠，若兴心欲取，则有祸变。刻石为铭，嘱语将来，若此塔坏，劳烦后贤出珠修治。

雀离浮图南五十步，有一石塔，其形正圆，高二丈，甚有神变，能与世人表吉凶。以指触之，若吉者，金铃鸣应；若凶者，假令人摇撼，亦不肯鸣。惠生既在远国，恐不吉反，遂礼神塔，乞求一验。于是以指触之，铃即鸣应。得此验，用慰私心，后果得吉反。惠生初发京师之日，皇太后敕付五色百尺幡千口、锦香袋五百枚、王公卿士幡二千口。惠生从于阗至乾陀罗，所有佛事处，悉皆流布，至此顿尽。唯留太后百尺幡一口，拟奉尸毗王塔。宋云以奴婢二人奉雀离浮图，永充洒扫。惠生遂减割行资，妙简良匠，以铜摹写雀离浮图仪一躯，及释迦四塔变。

于是西北行七日，渡一大水，至如来为尸毗王救鸽之处，亦起塔寺。昔尸毗王仓库为火所烧，其中粳米燋然，至今犹在，若服一粒，永无疟患。彼国人民须禁日取之。

《道荣传》云：至那迦罗阿国，有佛顶骨，方圆四寸，黄白色，下有孔，受人手指，闷然似仰蜂窠。至耆贺滥寺，有佛袈裟十三条，以尺量之，或短或长。复有佛锡杖，长丈七，以水筒盛之，金箔贴其上。此杖轻重不定，值有重时，百人不举，值有轻时，一人胜之。那竭城中有佛牙佛发，并作宝函盛之，朝夕供养。至瞿波罗窟，见佛影。入山窟，去十五步，西面向户遥望，则众相炳然；近看则瞑然不见。以手摩之，唯有石壁。渐渐却行，始见其相。容颜挺特，世所稀有。窟前有方石，石上有佛迹。窟西南百步，有佛浣衣处。窟北一里，有目连窟。窟北有山，山下有六佛手作浮图，高十丈。云此浮图陷入地，佛法当灭。并为七塔，七塔南石铭，云如来手书，胡字分明，于今可识焉。

惠生在乌场国二年，西胡风俗，大同小异，不能具录。至正光二年二月始还天阙。

衒之按：《惠生行记》事多不尽录，今依《道荣传》《宋云家记》，故并载之，以备缺文。

【今译】

闻义里有敦煌人宋云住宅，宋云与惠生都是出使过西域的。神龟元年（魏世宗年号，518年）十一月冬，胡太后派崇立寺和尚惠生向西域取经（大概杨衒之看的是《惠生行记》《宋云家记》，对此行多记宋云、惠生所记见闻，实则肃宗派王伏子、法力等人前去，所以《魏书》卷一百二《西域·嚈哒传》提到王伏子、法力等，所记也有不同。总之，这次去的人不止二人，否则胡太后托带的五色百尺幅千口等，一两人无法携带），共得一百七十部，都是大乘妙典。

从京城出发，向西走四十天，到赤岭，就是大魏的西部边疆（赤岭，在青海西宁西面），大魏的关防，就在这里。

赤岭，不生长草木，因此以赤为名。山中有鸟和鼠住在同一个洞穴内的现象。种相异，但同为一类，鸟是雄，鼠是雌，共成阴阳（指鸟鼠交配），就是所谓鸟鼠同穴（按山在甘肃渭源县西南。《甘肃通志》云："凉州地有兀儿鼠者，似鼠，有鸟名木儿周者，似雀，常与兀儿鼠同穴而处。"）。

从赤岭出发，向西走二十三日，渡过流沙，到达吐谷浑国（吐谷浑，辽东鲜卑种，立国于今之青海）。路上很冷，多风雪，飞沙走石，抬眼看到处都是这样，只有吐谷浑城旁边比别处暖些。该国有文字，衣冠和魏国相同。风俗政治，多依外国的风俗。

从吐谷浑向西走三千五百里，到达鄯善城，他们原来是占城为王的，后来被吐谷浑所吞并。现在的城主是吐谷浑第二子宁西将军，他统率部落的三千人，以防守西面的外国人（鄯善原名楼兰，汉昭帝元凤四年〔77年〕改名鄯善。鄯善有牢兰海，楼兰的名称，就是从牢兰来的，牢兰海即今罗布泊）。

从鄯善城往西走一千六百四十里，到达左末城。城中居民大约有一百家。这里没有雨水，靠把水导引来种麦，不懂得用牛，靠人力用农具种田。城中画的佛像与菩萨像，没有胡人的面貌，访问城中老人，都说是吕光伐胡时所作的（左末，《魏书·西域传》作且末。且末城，当在今且末县附近。吕光，《魏书》卷九十五有传：吕光，字世明，氐人，父婆楼为前秦苻坚太尉。坚以光为骁骑将军。建元十八年〔382年〕坚遣光伐龟兹、乌耆诸国。光至龟兹，王帛纯拒之，光乃结阵为勾锁之法，大破之，降者三十余国。还至凉州，闻苻坚已为姚苌所害，乃窃号关外，十余年而卒，史称后凉）。从左末城向西走一千二百七十五里，到末城。城边种的花果似洛阳，只是土屋是平顶的和洛阳不同（末城在今尼雅遗址之于阗附近）。

从末城向西走二十二里，到达捍䃜城（《水经注》作"扜弥城"，"䃜"作"弥"。《水经注》卷二河水条云："扜弥国，治扜弥城，西去于阗三百九十里。"为于阗东境之关防）。城南十五里有一座大寺，有三百多个和尚。寺内有一尊金色佛像，高一丈六尺，仪态容貌超凡，工艺卓绝，貌相有光彩，总是面向东方立着，不朝西看。父老们都传说：这像本来是从南方腾空来的，于阗国王亲自礼拜，载这尊像回来。在半路上，夜里睡觉，佛像忽然不见了，国王派人去寻它，发现它回到了原来的地方。于是国王就在那里造塔，封当地的四百户人家专门洒扫。这四百户人家的人有了病，就用金箔贴在像身上相应的地方，就能好了。后人在佛像旁边造了丈六像（丈六像，即释迦牟尼佛像）及众像塔，数量竟达到数千，悬挂的彩色幡盖也要用万来计数。其中写着魏国年号的幡超过一半。幡上隶书，多为太和十九年（魏高祖年号，为495年）、景明二年（魏世宗年号，为501年）、延昌二年（魏世宗年号，为513年）。只有一幡，看它上面所写的年号，是姚兴时的幡（姚兴，十六国时后秦国君，字子略，姚苌之子。394—416年在位。宋云所见之幡为法显所立）。

从捍𪩘城向西走八百七十八里，就到了于阗国。国王头戴金冠，像鸡冠一样。头后挂二尺生绢，宽五寸，作为装饰。他威武的仪仗有鼓角金钲，弓箭一副，戟两枝，槊五张。左右带刀的随从不超过百人。于阗的风俗是妇人穿袴衫束带，骑马奔走，同男人一样。死的人用火来烧，收骨埋葬，上面造宝塔。居丧的人，剪掉头发，用刀划面，表示哀痛。头发长到四寸，就恢复如同平常。只有国王死了不烧，放在棺内，远葬在郊野，立庙祭祀，按时对他表示追思。

于阗王不信佛法。曾有外国商人将一个名叫毗卢旃的和尚带到城南杏树下，向国王伏首请罪说："我擅自带来了一名外国和尚，现在在城南杏树下。"国王听了勃然大怒，就去看毗卢旃。毗卢旃对国王说："如来（如来，佛的别称，为释迦牟尼的十种称号之一）派我来，命王造一座圆拱顶宝塔，就可以使王的国运永远昌隆。"国王说："如果能让我见到佛，我马上就听从命令。"毗卢旃鸣钟告知佛，佛即派罗睺罗变形为佛，从空而现出佛的真容。国王即五体投地拜佛，就在杏树下设立寺舍，里面供奉罗睺罗画像。但画像忽然自己消失了，于阗王又作精舍来罩在外面。现在圆顶的塔影，一直出现在屋外，看见的人没有不回心向佛的。寺舍有辟支佛（辟支佛，梵名辟支迦罗，意为"缘觉""独觉"）靴，至今不烂，既不是皮革做的，也不是彩色丝织品，没有人能够审定它到底是什么东西做的。

按于阗国境，东西不过三千多里。

神龟二年（魏肃宗年号，为519年）七月二十九日进入朱驹波国（《魏书》卷一百二《西域传》："于阗国去朱俱波千里。"朱俱波即朱驹波。在于阗西）。朱驹波国的百姓住在山上，五谷很丰盛，吃的是麦面，不设立屠杀行业。食肉者吃自然死的牲畜的肉。风俗语音与于阗相似，文字与婆罗门相同。其国疆界五日可以走遍。

八月初，进入汉盘陀国界。向西走六日（六日，藏本《惠生使西域记》作六百里），登葱岭山。又西行三日，至钵盂城。三日，至不可依山（《魏书·西域传》称："渴槃陀国〔即汉盘陀国〕，在葱岭东，朱驹波西。河经其国东北流。有高山，夏积霜雪。"不可依山，即小帕米尔地带）。山中有池，有毒龙居住。从前有三百个商人停留，住宿在池旁，碰上毒龙发怒，用水淹杀了商人们。盘陀王听了，把王位让给儿子，自己去乌场国学习婆罗门咒，四年中完全学到了它的法术。他回来后恢复王位，到池边向毒龙念咒。龙变成人，向国王悔过。国王把他迁到葱岭山，距离这个池有两千多里。他是现在国王的十三世祖。

从此往西，山路欹斜倾倒，长的山坡有千里，悬空的山崖有万仞高,天下最险要的地方,实在就在这里了。太行山、孟门山,和这些山比不是险地;嵩山、陇坂,和这里比算是平地了。从葱岭出发,地势一步步逐渐高了,这样四天,才到岭上,好像是在山的中下部,实际已到半天之上了。汉盘陀国,就在山顶上。从葱岭往西,河流都是向西流去,世人说这里是天地的中间。国中人民引水来种田,听说中原的田地要等待天上下雨才种,笑道:"怎么可以一起期待天?"城的东面有孟津河,东北流到沙勒(孟津河,此河既流向沙勒,当即今之塔什敦巴什河,见冯承钧《西域地名》。沙勒,《汉书》等皆称疏勒)。葱岭很高,不长草木。这里的八月,天气已冷,北风赶雁,千里飞雪。

九月中旬进入钵和国(《魏书·西域传》说:"钵和国,在渴槃陀西,其土尤寒,人畜同居,穴地而处。又有大雪山,望若银峰。其人唯食饼麨,饮麦酒,服毡裘。有二道:一道西行向嚈哒,一道西南趋乌苌。亦为嚈哒所统。"据近人所考,当为今瓦罕南山间一带)。高山深谷,险道已是很平常了。国王所住的地方,依山筑城。国中百姓穿的衣服,只有毡衣。地上很冷,人们都打地洞居住。风雪逼切,人和畜相依偎取暖。国的南面边界上有大雪山,白天冰雪融化,晚上结冰,望过去像玉峰。

十月初,到达嚈哒国。田地广阔又平坦,山泽充满视野,城市没有城墙,国家用流动军队来治理。百姓用毡做屋,随时追逐水草居住。夏天迁居凉爽的地方,冬天就迁到温暖的地方。人们不知家乡在哪里,没有文字礼教。不知道阴阳运转的法度,一年中没有盈闰,月没有大小,过十二个月就是一年。嚈哒国接受众国的进贡。南到牒罗，北到勒勒，东到于阗，西至波斯，四十多国都来朝贡（《魏书·西域传》："嚈哒国，大月氏之种类也，亦曰高车之别种。其原出塞北。自金山而南，在于阗之西，都乌浒河南二百余里，去长安一万一百里，其王都拔底延城〔今之 Balkh，冯承钧说〕，风俗与突厥略同，其语与蠕蠕、高车及诸胡不同。众可十万。……其人凶悍，能斗战，西域康居、于阗、沙勒、安息及诸小国三十许，皆役属之，号为大国。"至北齐天统十二年〔546 年〕遣使献其方物。后为突厥所破，至 567 年间为突厥所灭。时为陈废帝光大元年。牒罗，今代谓之铁尔胡忒〔Tirhut〕，福力基族〔Vrijjis〕之旧壤也。福力基族似为北方月氏人。见张星烺《中西交通史料汇编》第六册第九十八节附注三种。勒勒，一名铁勒。沙畹笺注云："其地东起嗢昆河，西抵罗马帝国。"波斯，《魏书·西域传》云："古条支国也。"玄奘《西域记》作"波剌斯国"，云："旧曰波斯，略也。其国周数万里，川土既多，气序亦异。文字语言，异于诸国。"）。国王住的是大毡帐，方圆四十步，周围用毛布做壁。国王穿锦衣，坐黄金装饰的床，以四个金制的凤凰做床脚。他看见大魏的使者，拜两次后跪着接受诏书。至于宴会布置，有人一声高唱，宾客就上前入席；而后再次高唱，宴会就散了。只有这道程序，没听见音乐。

嚈哒国王妃也穿锦衣，长八尺多些，拖在地上有三尺，要让人托起来。她头上戴着一个角，长三尺，用玫瑰五色珠装饰。王妃出外坐车子，回宫进入房内，则坐金床（床，坐榻），床上有雕刻的六牙的白象、四只狮子做装饰。其他大臣的妻子都跟着随侍王妃的伞下。伞的顶上也像有角,角圆圆的向下垂,形状像宝盖(《魏书·西域传》说:嚈哒国的风俗,兄弟共有一个妻,丈夫没有兄弟的,他的妻戴一角帽;有兄弟的,依照兄弟的多少增加角的数目。衣服上加上珠玉的装饰称璎珞,头上都剪发。宝盖,佛教用语,用七宝装饰的伞盖,悬于佛、菩萨和讲师的主座上)。

他们身份的贵贱,也在服饰上显示出来。在四方诸国中,嚈哒国最是强大。他们不相信佛法,多供奉外神(多事外神者,《魏书·波斯传》云:"俗事火神、天神。"火神即拜火教,天神即大自在天)。讲杀生吃肉,用七宝器物。因为有众多国家的朝贡,所以富有珍奇怪异的物品。

  嚈哒国距离大魏京师二万余里。

十一月初入波知国。领土很狭小,七天就能走完。国中人民在山上居住,生活穷困煎熬,风俗凶横怠慢,见国王也不施礼。国王进出,跟从的只有数人。这个国家境内有水,从前很浅,后来山崩截断了流水,就形成了两个大湖(《魏书》中称"三池")。有毒龙住在池塘里,多有灾祸。夏天总是有暴雨,冬天就经常积雪,走路的人经过非常艰难。雪有白光,照耀人眼,使人睁不开眼,什么也看不见。不过祭祀龙王,就能平复(《魏书·西域传》说:"波知国,在钵和西南,土狭人贫,依托山谷,其王不能总摄。有三池,传云:大池有龙王,次者有龙妇,小者有龙子。行人经之,设祭乃得过。不祭,多遇风雪之困。"近人考证,波知国在今阿富汗北部)。

十一月中旬进入赊弥国。此国渐渐远离葱岭,田地坚硬贫瘠,民多贫困。高峻而危险的道路，仅仅能够通过人和马。境内有一条直路，从钵卢勒国通向乌场国，用铁锁做桥，悬空而过，下不见底，旁边没有扶手处，一不注意，就会掉下万仞深渊，所以行人看到后都退缩不敢前行（《魏书·西域传》说："赊弥国，在波知之南，山居，不信佛法，专事诸神。"近人考证，赊弥国在今巴基斯坦北部）。

十二月初进入乌场国。乌场国北接葱岭，南连天竺，气候和暖，方圆数千里。人口众多，物产丰富，可比神州的临淄；田地肥美，相当于咸阳的上好土地。是鞞罗施舍儿女的地方，也是萨埵投身饲饿虎的地方（鞞罗施儿见《太子须大拏经》，详下文。萨埵投身，见《金光明经》卷四，详下文），旧俗虽然久远，土风依然存在。国王能行善道而有上进心，长期吃斋，日夜礼佛时，击鼓吹贝（贝，一种乐器名，即法螺），琵琶、箜篌、笙、箫齐全。中午以后，才开始治理国事。假如有犯死罪的人，不用死刑，只把人流放到荒山，任凭他自找饮食。事情如果牵涉到疑似不能辨别时，就拿药让人服了，是非立即明白。不论事情轻重，都当时决断。土地丰饶，人口众多，物产富饶。五谷丰登，百果繁熟。夜里听见的钟声，好像充满了整个世界。大地还生长着奇异的花，冬天和夏天相接开放，和尚和百姓采了花，奉献给佛。

国王见宋云说是大魏使臣来了，就举手加额，拜伏地上，接受诏书。他听说太后尊崇佛法，就面向东方合掌，遥遥行礼。国王派懂魏国话的人问宋云道："您是日出地方的人吗？"宋云答道："我国东面边界是大海，日从其中出来，确实如您所说的那样。"国王又问道:"你们那个国家出圣人吗?"宋云详细讲了周公、孔子、庄子、老子的德行,然后叙述了蓬莱山上的银屋金堂,神仙圣人都住在上面,又讲了管辂善于卜卦,华陀善于治病,左慈会各种法术,诸如此类,分别做了说明。国王说:"倘若像您说的,那就是佛国了,我到命终时,希望投生在你们那个国家。"(管辂,《三国志·魏书》卷二十九有传。华陀,见《三国志·魏书》卷二十九及《后汉书》卷一百十二下。左慈,见《后汉书》卷一百十二下。)

宋云于是与惠生到城外寻找如来佛祖的圣迹。阿波逻罗龙泉东有佛晒衣处(《水经注》称河步罗龙渊)。当初,如来在乌场国教化众生。龙王嗔怒,兴起大风雨,佛的法服里外都湿透了(《菩萨本行经》卷中讲恶龙"泉流白水,损伤地利。释迦如来,大悲御世,愍此国人,独遭斯难,降神至此,欲化暴龙,执金刚杵击山崖,龙王震惧,乃出归依"。僧迦梨,沙门之法服)。雨停后,佛在石下面向东而坐,晒袈裟。年岁虽久,石上的袈裟布纹光彩如新,非但衣服的缝可以明白看见,连细的线也能显露出来。猛地一看它,好像不明白,假使加以刮削,它的纹路就变清楚了。佛坐的地方及晒衣处,都建了宝塔,立了碑记。

阿波逻罗龙泉西有池塘,龙王住在这里。池边有一寺,有五十多名僧人。龙王每次作神变,国王就向他祈求祷告,把金玉珍宝投到池里,到以后水把它们涌出来,再令僧人取用它们。这座寺中僧人的衣食,等龙来接济,所以世人叫它龙王寺。

王城北八十里,有如来踏石的脚印,已造塔来笼罩它。如来踏石的地方，像踏在水中的泥上，测量脚印时却变化不定，或长或短（《法显行传》云："乌长国是北天竺也。佛至北天竺，即到此国，遗足迹于此，或长或短，在人心念，至今犹尔。"）。现在这里立寺，约有七十多个僧人。塔南二十步，有泉石。佛本清净，他口嚼杨枝净齿，杨枝着地即活，如今已成大树，外国名叫婆楼（按如来净齿遗枝而成奇树，此与《法显行传》所述沙祇国〔即舍卫国〕者正同。传称"出沙祇城南门，道东，佛本在此嚼杨枝已，刺土中，即生长七尺，不增不减，诸外道或斫或拔，续生如故"）。

城的北面有陀罗寺，做佛事的最多。宝塔高大，僧房紧紧相连。周围有六千尊金佛像。国王的年常大会（年常大会，指五年一会），都在这里。国内的和尚，都到这座寺来。宋云、惠生看到那里的和尚受戒行为精细刻苦，观察他们的作风仪范，对他们特别恭敬，于是捐出两名奴婢来供洒扫（《法显行传》称："会时，请四方沙门，皆来云集。众僧坐处，悬缯幡盖，作金银莲花着僧座后，铺净坐具，王及群臣如法供养。或一月，二月，或三月，多在春时。王作会已，复劝群臣设供供养，发愿布施众僧。"）。

离开王城向东南走八天山路，就到了如来苦行时用身体投喂饿虎的地方（高昌和尚法盛所译《菩萨投身饲饿虎起塔因缘经》："佛告阿难，过去无量世时，有大国，王有三子，长曰摩诃波罗，次曰摩诃提婆，季曰摩诃萨埵。一日，王与群臣共游山谷，三子共入竹林，见有一虎新产数子，无暇求食。第一王子以为虎母饥困交迫，必啖其子，而后乃生。第二王子以为非新屠血肉，莫之能救。是时二人舍之而去。第三王子随属其后，因思此身虚弃败坏，曾无少益，何不舍身救济众生，永离忧苦。乃合手投身岩下，以干竹刺颈出血，虎得啖食，母子俱活。及二王子往寻，唯遗骨狼藉在地，心肝断绝，久乃得苏。及报父王，悲不自胜，如鱼处陆，如牛失犊，乃收遗骨，以宝器盛之，起塔供养。佛告阿难，尔时摩诃萨埵即我身也，以吾布施，不惜身命救众生故，今致得佛，济度无极。"）。山势险峻，峰峦高耸入云。佳木灵芝，丛生在上面。树林和泉水，温婉美丽，花的色彩使人眼花。宋云和惠生舍出旅费，在山顶上造了一座宝塔，用隶书刻石，讲述魏国的功德。山上有收骨寺，有三百多名僧人。

王城南一百余里，有如来从前在摩休国剥皮为纸、折骨为笔之处（摩休，玄奘《西域记》作摩愉，此言在王城南。《菩萨本行经》卷下："为优多婆仙人时，为一偈故，剥身皮为纸，折骨为笔，血用和墨。此皆前世宿行所作。"）。阿育王（阿育王，即古印度摩揭陀国孔雀王朝国王。阿育王，意译则为"无忧王"）修建了一座笼罩它，通高十丈。折骨的地方，血髓流在石上，看它的脂色，肥腻得像新染上的。

王城西南五百里，有座善持山（善持山，即《魏书·西域传》的檀特山，是须大拏太子栖隐处。《太子须大拏经》说："檀特山嶔崟嵯峨，树木繁茂，百鸟悲鸣，流泉清池，美水甘果。太子入山，山中禽兽皆大欢喜。"），甘泉美果，见于佛经的记载。山谷和暖，草树冬青。当时正是春天，已经吹起温暖的风，鸟在春树上叫，蝶在花丛中舞。宋云在极远的外国，看到这些美丽的风景，生发了返回家乡的念头，偏偏触动心肠，于是引发旧病，卧床超过一个月，得婆罗门咒，才渐渐恢复。

善持山顶东南，有太子石室，一户两间房。太子室前十步，有大方石。据说太子经常坐在它上面，于是阿育王在那里造塔，并记载了这件事。塔南一里，有太子住的草庵。离塔一里，东北山下五十步，是太子的儿女被施舍给婆罗门后绕树不肯离去，婆罗门用杖鞭打他们，血洒到地上的地方，那棵树还保留着。洒血的地方如今成为泉水。室西面三里，是天帝释变作狮子，在路中坐着，阻挡住嫚姤（嫚姤，原名曼坻，是太子妻）的地方。石头上有毛、尾、爪痕迹，如今还都明显。（这里讲的太子，就是须大拏太子。《太子须大拏经》称：佛告阿难，往昔过去不可计劫时，有大国叫叶波，国王叫湿波，他用正法来治理国家，人民无怨。王的太子，名叫须大拏〔唐朝叫善与〕，小时候就爱好布施。年纪渐大，父王为他娶了妃子，妃子名曼坻，是一位国王的女儿。他们生有一男一女。太子爱好布施给人，经常把王的珍宝，放在四城门外，听人取去，因此四方闻名。王有白象，叫须檀延，气力很大，会强斗，每次与其他国家进攻讨伐，这头象经常能胜利。当时有敌对国家的人前来要这头象，太子就把象给了他们。国王听了大为愤恨，于是赶太子出国，到檀特山中禁闭十二年，太子同妃子及他的两个孩子离开国都。到了檀特山，山中有位道人叫阿周陀，有绝妙的德行，太子听从他的教导，住在山里，把头发编好，用泉水果子作为饮食，并且砍下树，筑为草屋，住在里面。这时鸠留国的一个婆罗门来乞讨太子的儿女，要他们做自己的奴婢。当时曼坻不在山中,太子便把孩子给了他。两个孩子不肯走,婆罗门让太子用绳子捆上他们,牵着他们上路,两个孩子在路上用绳子绕住树,不肯跟去,希望母亲赶来。婆罗门用杖打他们,血流满地,两个孩子不得已跟着走了。这时他们的母亲左脚下发痒,右目又跳,两乳溢出乳汁,因此想:应该回去看我的孩子了,会不会有别的事?于是返回。这时天帝释知道太子的儿女舍给了人,恐怕妃子败坏他的善心,便变作狮子,当路蹲着。到婆罗门走远了,他才起来避开路,使妃子得以过去。妃子回去,不见两个孩子,婉转悲泣,哭声不停。太子说:"过去我是婆罗门子,字鞞多卫,你是婆罗门女,字须陀罗。你发愿说,将来一生做我的妻子,境遇好歹都不离开我。那时我与你约言,要做我的妻子,当随我意,除了父母以外我要布施什么都随我。你那时答应可以。如今我以孩子做布施,你反而要乱我的善心吗?"妃子听了太子的话,心思才解开了。后来这个婆罗门带了太子生的儿女到叶波国去炫耀,为人认出,告诉国王。王迎接孩子入宫,泪流不止。他派使者迎接太子与妃子回来,敌对国也把象送还了国王。太子回来,国人没有不欢喜的。国王更把宝藏交给太子,由他任意布施,更胜过从前。太子布施不停,自己得以成佛。佛告诉阿难:"我过去所做的布施就是这样。太子须大拏,就是我。"这事也见于《六度集经》卷二)阿周陀的石窟及闪子供养盲父母的地方(《佛说睒〔同闪〕子经》〔《大正藏》175〕:昔佛在毗罗勒国告诸比丘,过去无数世时,迦夷国一长者,夫妻两目皆盲。子年十岁,号曰睒子。至孝仁慈,奉行十善,与父母入山,结草为庐,侍养之宜,不失时节。山有流泉，众果甘美。睒子取百果以奉父母。其仁远照，禽兽皆来附近，与睒子同作伎乐之音，发娱乐其亲。时二亲口渴，睒子乃提瓶汲水。适迦夷王入山田猎，弯弓发矢，误中睒子胸。睒子中了毒箭，痛楚难言，涕泣大呼："谁持一箭，射杀三人？吾亲年老，一朝无我，岂不殒命！吾何罪乎？竟如是也。"王闻哀声，下马寻问。睒子对答，音声凄楚。王闻其言，悲不能已。乃寻盲父母处，愿事供养。王从人众多，草木肃肃有声。二亲启问，王以实告。亲惊恒哀号，同至尸所，手拊其子，鸣口吮足，仰面呼天。时天帝释感兹慈孝，立现神通，降身谓其亲曰："斯至孝之子，吾能活之。"乃以药注睒子口中，忽然得苏。斯时众人悲喜交集，皆立意修睒子至孝之行。佛告诸比丘，时睒子即吾身也。睒子塔在跋虏沙城，即下文之佛伏沙城之西北二百余里处，太子石室在城之东北二十余里处，皆在乌场国之南），都建了宝塔，立有碑记。

山中有从前的五百罗汉床，从南向北排成两行相对坐处。山上有大寺，僧徒二百人（按五百罗汉床，排成两行，假定一张床上坐五人，五百人坐一百张床，排成两行，一行排五十张床。假定有五百张床，可以排十行，这在大寺中是可以做到的）。太子所喝的泉水的北边也有寺，经常用数头驴子运粮食上山，它们无人驱赶，自然去回。寅时出发，午时到达，每次都能赶上中餐。这是保护塔神湿婆仙（湿婆仙，印度三大神之一，为外道所祭祀的）使它这样的。

这寺里从前有个沙弥，经常去除灰尘，一次因入神定（神定，指修行时，安静而止息杂念，定心于一境），维那扶拉他时，不料他的身子竟然皮连骨离（沙弥，为和尚始落发时之称。维那，是授事的和尚）。湿婆仙代沙弥除灰尘的地方，国王给他造庙，画了他的形象，用金箔来涂饰。

隔着山岭有婆奸寺，是夜叉建造的。有僧徒八十人。据说罗汉和夜叉常来供奉、洒扫、取薪，凡俗和尚，不能住在寺里。大魏和尚道荣到这里行礼拜后即离去，不敢停留。

到正光元年（肃宗年号，为520年）四月中旬，宋云与惠生进入乾陀罗国（国在乌场国以西，今巴基斯坦白沙瓦附近之地）。土地也同乌场国相似，本名业波罗国，为嚈哒所灭，于是立勅懃为王。治国以来，已过了二代。国王生性凶暴，多杀戮，不信佛法，喜好祭祀鬼神。国中人民，都是婆罗门种，尊崇佛教，喜欢读佛经，忽然有这样的国王，很不情愿。国王自己靠勇力，与罽宾国争夺边境，交战已经有三年。（勅懃即特勤，突厥可汗之子弟叫特勤。罽宾，在乌场东南，西与乾陀罗为邻。《魏书》称："其国居四山中，东西八百里，南北三百里，地平温和，有苜蓿，种五谷。"）国王有战象七百头，一头象可以驮十人，骑象的人握着刀楂（柄），象的鼻上缚刀，与敌人互相攻击。国王经常停留在边境上，整天不归，军队困倦，人民劳苦，百姓嗟叹怨恨。

宋云到军队里，递上诏书。国王凶慢无礼，坐着接受诏书。宋云见他是远夷不可制服，只得任凭他倨傲，不好责备他。国王派传事对宋云说："您经过了许多国家，走过很多险路，难道不觉得劳苦吗？"宋云答道："我国皇帝热衷于大乘佛教，远求佛经，道路虽然险难，但不敢说辛苦。大王亲统三军，远到边境,寒暑骤然改变,不是很辛苦吗?"国王回答道:"不能降服小国,愧您此问。"宋云开始认为国王是夷人,不可以礼责备,所以任凭他坐着接受诏书,等到亲自对答,知道他是有人情的,于是责备他说:"山有高低,水有大小,人处世间,也有尊卑。嚈哒、乌场王都跪拜接受诏书,为什么只有大王不拜?"国王回答道:"我见魏主就拜,得书坐着读,有什么可怪的?世人得到父母的信,也还是坐着读,大魏如同我的父母,我也坐着读诏书,不失礼仪。"宋云无从驳倒他。他把宋云领到一寺,供给很淡薄。当时,跋提国送了两头小狮子给乾陀罗王,宋云看见了,见它们意气雄猛,国内所画的,与它的模样不一样。于是又向西走了五天,到了如来舍去自己的头布施给人的地方(事见《菩萨本缘经》卷中:我昔曾经听说迦尸国过去有王,名叫月光,爱好施舍人,从不吝啬。当时有一个年老的婆罗门,请王用头作布施,王就准许了他。婆罗门拿了锋利的刀,握住王的头发,系在树上,要斩王的头,刀斩错了,没砍到王头,错砍断了树枝。当时那个婆罗门认为已经砍下来了,即生欢喜。因菩萨及诸位天神威严道德力量呵护的缘故,他看不见王的身体和头。王回到宫里,身体没有丝毫损伤。这月光王就是释迦牟尼于过去世修菩萨行时的前身)。这里也有塔和寺,有二十多个和尚。再向西走三天,到辛头大河(辛头大河,即今印度河)。河西岸上,有如来变作摩竭大鱼(摩竭大鱼,翻梵语云摩竭,译曰鲸鱼。佛说《菩萨本行经》卷下云:为跋弥王时,国中人民尽有疮病,医言当得鱼肉,食之乃瘥。王即到水边,上树求愿作鱼,即从树上投身水中,便化成鱼,而有声,言其有病者来取我肉啖，病当除瘥。人民闻声，皆来取鱼肉食之，病尽除愈），从河里出来，十二年中用鱼肉救济人的地方。在这里造了塔、立了碑记，石上至今犹有鱼鳞纹。

又向西走了三天，到佛沙伏城（佛沙伏城，须大挐太子曾居住于此城，在印度河西岸）。川原肥沃，城郭正直，人口众多，林泉茂盛，盛产珍宝，风俗淳厚。城内外凡是古寺都有名望高、德行好的和尚，道行高奇。城北一里有白象宫，宫为寺，寺内都是石像，庄严精妙，数目很多。通身贴金箔，令人眼花缭乱。寺前有拴白象的树。这座寺的兴起，就缘于此。花叶似枣树，季冬才成熟。父老相传说："此树灭，佛法也灭。"寺内画有太子夫妻把一儿一女施舍给婆罗门的画像，那里的胡人见了，没有不悲泣的（太子指须大挐太子，太子把白象施给敌对国家，他的父王把太子赶到檀特山。太子又把他的一儿一女施给婆罗门，没有太子妇，这里把太子妇也画上，不同）。

再向西走一天，就到了如来挑去两眼施舍给人的地方，也有塔、寺，寺里石上有迦叶佛迹（《菩萨本行经》卷下说：过去无数世时，有王名曰梵天，其子端正姝好，有大人相，名曰大自在天。为人慈仁，聪明智慧，一切技术，莫不通达，复学医术，和合诸药。国中人民多诣太子求治，诸医反为众人所轻慢。会疾疫流行，人民死者日多，王命召诸医，问其方药。一医妒王太子，乃曰："当得从生以来仁慈愍众，未曾起瞋恚意者，得其两眼，用解遣鬼，众病乃瘥。"王即答曰："此事甚难，不可得也。"太子闻之，乃愿以肉眼施与众生，遂令医者挑去两眼。时天帝释见其如是勤苦，悲愍众生，实为甚难。即取太子已挑之眼还着太子眼中,即时平服。天帝释更逐诸疫鬼,一切众生,病尽除瘥。佛告诸比丘:尔时太子自在天者,我身是也。迦叶,也称迦叶波,为佛教"七佛"之一)。

又向西走一天,乘船渡过一条深河,宽三百步。再向西南走六十里,到乾陀罗城(乾陀罗城,即《法显行传》所称之弗楼沙国)。东南七里,有雀离宝塔(《魏书·西域传》云:"小月氏国富楼沙城东十里有佛塔,周三百五十步,高八十丈。自佛塔初建,计至武定八年〔东魏孝静帝年号,为550年〕,计八百四十二年,所谓百丈浮图也。"或云雀离,乃具有异采之义)。

《道荣传》云:城东四里(《魏书》作七里,此作四里,皆比拟之辞)。

推测它的源头,是如来在世时,和弟子们云游宣讲教义到这里,指着城东说:"我进入涅槃后二百年,会有国王叫迦尼色迦,在这地方造宝塔。"佛进入涅槃后二百年,果真有国王叫迦尼色迦,出游到城的东面,见四个童子用牛粪做塔,约高三尺,一会儿就消失了。

《道荣传》说:童子在虚空中向国王讲偈语。

国王对这些童子感到很奇怪,就造了石塔来笼罩粪塔。粪塔渐渐增高,挺出在石塔外,距地面四百尺,然后停止。国王又把塔基扩大了三百多步。

《道荣传》说:三百九十步。

在石塔上再造木建筑,才得以一样高(与粪塔高四百尺相齐)。

《道荣传》说:宝塔高三丈,都用有花纹的石头做阶砌,斗拱上面建筑众木，一共十三级。

宝塔顶端有铁柱，高三百尺，加上金盘十三重，合起来离地七百尺（"其高〔四〕（三）丈"指石塔高四百尺，木"十三级"指高一百三十尺，"金盘十三重"指高一百三十尺，"铁柱"三百尺，加石塔四百尺，正合"去地七百尺"之数。《法显行传》说："佛昔将诸弟子游行此国，语阿难云：'吾般泥洹〔涅槃〕后，当有国王名罽腻迦于此处起塔。'后罽腻迦王出世，出行游观，时天帝释欲开发其意，化作牧牛小儿，当道起塔。王问：'汝作何等？'答言：'作佛塔。'王言：'大善。'于是王即于小儿塔上起塔，高四十余丈，众宝校饰，凡所经见塔庙，庄丽威严，都无此比。传云阎浮提塔唯此塔为上。"玄奘《西域记》云："释迦如来于卑钵罗树下告阿难曰：'我去世后，当四百年，有王命世，号迦腻色迦，此南不远起窣堵波，吾身所有骨肉舍利多集此中。'迦腻色迦王以如来涅槃之后第四百年君临膺运，统赡部洲，不信罪福，轻毁佛法。畋游草泽，遇白兔，王亲奔逐，至此忽灭。见牧牛小竖于林树间作小窣堵波，其高三尺。王曰：'汝何所为？'牧竖对曰：'昔释迦佛圣智悬记，当有国王于此胜地建窣堵波。大王圣德宿殖，名符昔记，神功圣福，允属斯辰，故我今者先相警发。'说此语已，忽然不见。王闻是说，喜庆增怀，自负其名大圣先记，因发正信，深敬佛法。周小窣堵波更建石窣堵坡，欲以功力弥覆其上。随其数量，恒出三尺。若是增高，逾四百尺。基址所峙，周一里半。层基五级，高一百五十尺，方乃得覆小窣堵波。王因喜庆，复于其上更起二十五层金刚相轮，即以如来舍利一斛而置其中，式修供养。"按诸记称，大旨略同，唯佛之涅槃其去迦腻色迦之年代，所说不一。考佛之灭度去迦腻色迦当有六百年，玄奘记称四百年尚不合，本文二百之数相去尤远。又此塔之高度，诸家所说互有不同）。

《道荣传》说：铁柱八十八尺，八十围（一围为五寸）。金盘十五重，高六十三丈二尺。

施工完成后，粪塔恢复了当初的大小，在大塔南三百步。当时有婆罗门不相信是牛粪，用手探看，于是成了一个窟窿，年岁虽然久远，牛粪还是不烂，用香泥填窟窿，却总是填不满。现在又有座天宫用来盖罩它。

雀离宝塔自从建筑以来，三次被天火所烧，国王修复了它，还恢复得像旧时模样。百姓说："这宝塔经天火烧七次，佛法就会灭掉（玄奘《西域记》云："此窣堵波者，如来悬记：'七烧七立，佛法方尽。'先贤记曰：'成坏已三。'初至此国，适遭火灾，当见营构，尚未成功。"）。"

《道荣传》说：国王筑宝塔，木工既完，还有铁柱，但没有人能够装上去。国王在四面造了大高楼，多置金银及众宝物，国王与夫人及众王子都在楼上烧香散花，专心请神。然后用辘轳绞绳牵引铁柱，一下子便上去了。所以胡人都说是四天王（四天王，佛教中的护法神，分居须弥山四边，又称"护世四天王"，俗称"四大金刚"，指持国天王、广目天王、增长天王、多闻天王）帮助的，倘若不是这样，实在不是人力所能举起的。

塔内的佛像、菩萨像，完全用金玉制成，千变万化，难以称说。红日开始升起时,塔上的金盘明亮闪耀,微风渐发,金铃和鸣。西域的宝塔中,最当称为第一。

这塔刚筑成时,用珍珠做成网罩在上面。其后数年,国王考虑:我死以后,恐怕会有人侵夺珠网。他又担心大塔破坏,无人修补,就解下珠网,用铜锅盛放,在塔西北一百步掘地埋好。上面种树,树名叫菩提,枝条四面散布,密叶遮天。树下四面有四个坐着的佛像,各像高一丈五尺。经常有四条龙来管理这张珠网,倘若有人起贪念想窃取珍珠,就会有灾祸降临。国王又刻石写铭,叮嘱后世的人,如果这塔坏了,烦劳贤人拿出珍珠来修理。

雀离宝塔南五十步,有一座石塔,它的形状为正圆,高二丈,很有神夸的变化,能够与世人明示吉凶。用手指来触摸它,倘是吉兆,金铃鸣应;倘是凶兆,即使令人摇动,金铃也不会响。惠生身处遥远的国度,怕自己不能顺利地回去,遂即礼拜神塔,乞求应验。然后他用手指触塔,铃即鸣应。惠生听到这个吉利的应验,内心很是安慰,后来真的平安地回到家园。惠生当初从京城出发的那一天,胡太后诏命给他五色的百尺幡千面、锦香袋五百只、王公卿士幡两千面。惠生从于阗到乾陀罗,所有供奉佛的处所,都尽量散发布施,到了乾陀罗时,就都用完了。只留下胡太后百尺幡一面,打算献给尸毗王塔的(尸毗王,见玄奘《西域记》卷三乌仗那国作尸毗迦王,详下文注)。宋云把两名奴婢献给雀离宝塔,让他们永远担当洒扫工作。惠生于是也节省旅费,妙选良匠,用铜来做了雀离宝塔及释迦四塔变的模型(释迦四塔变,即《法显行传》所称北天竺之四大塔,一为佛为菩萨时割肉贸鸽处,二为以眼施人处,三为以头施人处,四为投身喂饿虎处)。

于是宋云、惠生又向西北方走了七天,渡过一条大河,来到如来为尸毗王救鸽的地方(尸毗王,玄奘《大唐西域记》卷三作尸毗迦。印度提婆底城之城主。尸毗王割肉贸鸽事,见《贤愚经》卷一云:"佛告诸比丘,往昔有王名曰尸毗,所都之城号提婆底。王蕴慈行,仁恕和平,爱念庶民,犹如赤子。志固精进,乐求佛道。明天帝释及毗首二天欲试其念力。毗首乃化为一鸽,帝释作鹰,急逐于后,将为搏取,鸽甚惶怖,飞王腋下以求藏避。鹰立王前,乃作人语,愿王见还。王曰:'我本誓愿,当度一切,鸽来依投,终不与汝。'鹰言:'大王爱念一切,若断我食,命亦不济。'王就取利刀自割身上肉,持之与鹰,贸取鸽子命。佛告大众:'往昔之时,尸毗王者,我身是也。'")。因此在这里也造起塔和寺。从前尸毗王仓库被火所烧,仓库中的粳米烧焦了,到现在还存在,倘若服了一粒,就永远不得疟疾。人民要得到治疟疾的药,需要在禁忌的日子去拾取(为什么要"禁日取之"呢?可见平日不能取,只有禁日可取。因为平日可取,健康人多来取用。禁日可取,有病的人才会来取。疟疾病在未发时,与健康人相似,在病发时与健康人不同。禁日可取,即有疟疾的人可取,健康人不能取之意)。

《道荣传》说:到那迦罗阿国,有佛顶骨,方圆四寸,黄白色,下有孔,人可用手指探索,小孔很多,像向上探索蜜蜂窠(那迦罗阿国,《法显行传》称作那竭国,玄奘《西域记》称作那揭罗曷国,在乾陀罗国的西北,现在阿富汗哲拉拉拨德之地。玄奘《大唐西域记》云："〔那揭国〕城东南三十余里至醯罗城，周四五里，坚峻险固，花林池沼，光鲜澄镜。城中居人，淳质正信。复有重阁，画栋丹楹，第二阁中有七宝小窣堵波，置如来顶骨，骨周一尺二寸，发孔分明，其色黄白，盛以宝函，置窣堵波中。"闷然：众多的样子，指手指像触蜂窠似的）。至耆贺滥寺（耆贺滥寺，《法显行传》说：在"那竭国城之东北一由延〔约十六里〕"），有佛袈裟十三条，用尺量它，有的短有的长。又有佛锡杖，长一丈七尺，用木筒盛放，以金箔贴在上面。这锡杖很神奇，轻重不一定，碰上重时，一百个人也举不起来，碰上轻时，一个人就可以胜任。那竭城中有佛留下的牙齿和头发，都做了宝盒，把它们装在里面，早晚向它们供奉祭品。到瞿波罗窟，可以看见佛影。入山窟，进去十五步，面向西朝门口望，那佛像各部分的样子都非常明显，近看，倒是暗淡得什么都看不见了。用手去摸，只有石壁。倒退走回，方才又看见佛像。佛像容貌挺然特出，世上所少有（瞿波罗窟，《法显行传》说："那竭城南半由延〔约八里〕，有石室。"）。窟前有方石，石上有佛的足迹。窟西南百步，有佛浣衣的地方。窟北一里，有目连窟（目连，佛的弟子之一）。窟北有山，山下有七佛（七佛，指毗婆尸、尸弃、毗舍浮、拘留孙、拘那含牟尼、迦叶和释迦牟尼）亲造的宝塔，高十丈。据说这宝塔陷入地中，佛法就会灭亡。总共造出了七座塔。七塔南面有石铭，据说是如来亲手写的，铭文的外国字（指印度文）极为分明，至今还可以辨识。

惠生在乌场国两年，西方各国的风俗，大同小异，不能都记录下来。到正光二年（肃宗年号，为521年）二月才回到朝廷。

衒之按：《惠生行记》事多，不能尽录。如今依照《道荣传》《宋云家记》一并记录，用来完善缺少的文字（据衒之所云，此记取材有三：一为《惠生行记》，一为《宋云家记》，一为《道荣传》。按《隋书·经籍志》有《惠生行记》一卷，《旧唐书·经籍志》及《新唐书·艺文志》并有宋云《魏国以西十一国事》一卷，今二本均佚，赖衒之此记存其梗概。至于《道荣传》，史志未著录。唯唐道宣《释迦方志》卷下《游履篇》云："后魏太武末年〔451年〕，沙门道药从疏勒道入，经悬度，到僧伽施国。及返，还寻故道。著传一卷。"按道药者即本书之道荣也，其书亦不传矣）。

〇京师东西二十里，南北十五里，户十万九千余。庙社、宫室、府曹以外，方三百步为一里，里开四门，门置里正二人、吏四人、门士八人，合有二百二十里。寺有一千三百六十七所。天平元年迁都邺城，洛阳余寺四百二十一所。北邙山上有冯王寺、齐献武王寺。京东石关有元领军寺、刘长秋寺。嵩高中有闲居寺、栖禅寺、嵩阳寺、道场寺。上有中顶寺，东有升道寺。京南关口有石窟寺、灵岩寺。京西瀍涧有白马寺、照乐寺。如此之寺，既郭外，不在数限，亦详载之。

【今译】

京城从东到西二十里,从南到北十五里(街之所谓东西二十里者,盖东至七里桥,西至张方桥。七里桥及张方桥均在城阙七里,合城内六里计之,适为二十里。所谓南北十五里者,即卷四所称"南临洛水,北达芒山"),十万九千多户。庙社、宫室、府曹以外(庙社并在宫阙阊阖门南,见卷一永宁寺条。北魏之宫室盖因南宫而建),方三百步为一里,每里开四门,每门设里正二人,吏四人,门士八人,合计二百二十里。寺庙有一千三百六十七所。天平元年(魏孝静帝年号,为534年)迁都邺城,洛阳剩下的寺有四百二十一所。北邙山上有冯王寺、齐献王寺(冯王寺为冯熙所建,齐献王寺为高欢所建)。京东石关有元领军寺、刘长秋寺(元领军即元乂,刘长秋即刘腾)。嵩高山中有闲居寺、栖禅寺、嵩阳寺、道场寺(闲居寺,为魏宣武时所建。嵩阳寺,为魏孝静帝天平二年所建。道场寺,见《魏书·冯亮传》),上有中顶寺,东有升道寺。京南关口有石窟寺(石窟寺,熙平初〔魏肃宗年号,为516年〕为胡太后所建)、灵岩寺。京西瀍、涧之间有白马寺、照乐寺(《水经注》卷十五有瀍水、涧水)。这些寺在郭外,不在所记的数目之内,但也详细地记录了它们。

附 录

年表

高祖孝文帝（元宏）　　467年生
延兴元年（471）　　宋明帝（刘彧）泰始七年
承明元年（476）
太和元年（477）
　　三年（479）　　齐高帝（萧道成）建元元年
　　十三年（489）　　以穆亮为司空
　　十七年（493）　　十月，诏穆亮、李冲、董爵营洛都。
　　　　　　　　　　齐王肃归魏
　　十九年（495）　　自平城迁都洛阳
　　二十年（496）　　诏改姓元氏
　　二十三年（499）　　四月，孝文帝卒，年三十三

世宗宣武帝（元恪）　　483年生，孝文帝第二子
景明元年（500）　　齐东昏侯（萧宝卷）永元元年。
　　　　　　　　　　彭城王元勰为司徒，录尚书事
　　二年（501）　　王肃卒。十一月，改筑圜丘于伊水之

	阳。萧宝夤降魏
三年（502）	梁武帝（萧衍）天监元年
正始元年（504）	十一月，营缮国学。十二月，高阳王元雍为司空、尚书令
永平元年（508）	九月元愉为高肇所害
二年（509）	一月，嚈哒、薄知国朝魏，贡白象一。十一月，帝于式乾殿为诸僧朝臣讲《维摩诘经》
延昌元年（512）	高肇为司徒，清河王元怿为司空
四年（515）	一月，宣武帝卒，年三十三。子诩即位。九月，胡太后临朝称制，亲览万机
肃宗孝明帝（元诩）	510年生，宣武帝第二子
熙平元年（516）	梁武帝天监十五年。胡太后立永宁寺
二年（517）	四月，皇太后至伊阙石窟寺。八月，高阳王雍入居门下，参决政事
神龟元年（518）	宋云、惠生使西域求佛经
正光元年（520）	梁武帝普通元年。七月，侍中元义、刘腾幽胡太后于北宫，杀太傅清河王元怿。八月，中山王元熙举兵欲诛元义，事败见杀。九月，蠕蠕王阿那肱朝魏
三年（522）	梁西丰侯萧正德奔魏。宋云、惠生自

	西域还
四年（523）	刘腾卒。太尉汝南王元悦与丞相高阳王雍参决政事。崔光卒
五年（524）	萧宝夤、崔延伯率将西讨万俟丑奴
孝昌元年（525）	四月，胡太后复临朝摄政。崔延伯战殁。梁萧综降魏
二年（526）	元义被诛。元略自梁返魏，封义阳王，寻改封东平王。章武王元融为葛荣所败，殁于阵
武泰元年（528）	二月，孝明帝卒，年十九。胡太后立临洮王世子钊为主，年三岁。四月，尔朱荣奉长乐王元子攸为主，改元建义。荣于河阴害公卿以下二千余人，沉胡太后及幼主于河

敬宗孝庄帝（元子攸）	彭城王元勰第三子
永安元年（528）	尔朱荣为太原王，元天穆为上党王。北海王元颢及临淮王元彧奔梁。七月，临淮王元彧自梁返魏。尔朱荣平葛荣，改元永安。十月，梁以元颢为魏王
二年（529）	五月，庄帝去河内，元颢入洛。七月，元颢败
三年（530）	尔朱天光擒万俟丑奴，关中平定。嚈哒国献狮子。九月，帝杀尔朱荣于明

	光殿。十月，尔朱世隆、尔朱兆奉长广王元晔为主，改年号曰建明。十二月，尔朱兆入洛，迁庄帝于晋阳，缢于城内三级寺，年二十四
节闵帝（元恭）	广陵惠王元羽之子
普泰元年（531）	三月，尔朱世隆复废长广王元晔，而奉广陵王元恭为主，改元普泰。七月，尔朱世隆害杨椿、杨津
二年（532）	四月，高欢废节闵帝，立平阳王元修为主，改元太昌。七月，高欢讨尔朱兆，斩尔朱天光
孝武帝（出帝）（元修）	广平武穆王元怀第三子
永熙元年（532）	太昌元年十二月，改元为永熙
二年（533）	高欢破尔朱兆，兆遁走自杀
三年（534）	二月，永宁寺浮图为火所烧。七月，出帝为斛斯椿所逼，出奔长安。十月，高欢推清河文宣王元亶世子元善见为主，时年十一，改年号为天平，迁都于邺，史称东魏
孝静帝（元善见）	清河文宣王元亶之子
天平元年（534）	闰十二月，宇文泰鸩杀出帝

二年（535）	宇文泰立南阳王元宝炬为帝，改元大统，史称西魏
四年（537）	正月，西魏宇文泰大破高欢军。
	西魏大统三年
元象元年（538）	正月，东魏改元元象。
	西魏大统四年
兴和元年（539）	十月，东魏改元兴和。
	西魏大统五年
武定元年（543）	正月，东魏改元武定。三月，高欢与宇文泰战于邙山，大破之。
	西魏大统九年
五年（547）	梁武帝萧衍太清元年。
	高欢卒。
	西魏大统十三年
八年（550）	梁简文帝萧纲太宝元年。
	五月，高洋称齐帝，东魏亡。
	西魏大统十六年

文帝（元宝炬）

大统十七年（551）　　二月，西魏文帝死，子钦嗣

废帝（元钦）

　元年（552）
　二年（553）

恭帝（元廓）

　　元年（554）　　　　　　　西魏宇文泰废其主元钦，立齐王元廓，是为恭帝，去年号，称元年

　　二年（555）
　　三年（556）

周孝闵帝（宇文觉）

　　元年（557）　　　　　　　正月，以西魏恭帝为宋公，寻杀之，西魏亡

出版后记

《洛阳伽蓝记》是北魏杨衒之的著作,"假佛寺之名,志帝京之事",历来为人称道,被认为与《水经注》齐名,是北魏文学史上的双璧。本书是周振甫先生以周祖谟先生的校勘本为底,为《洛阳伽蓝记》做的释译。此版曾于2001年10月出版,但因为种种原因,在各种校释译本中影响不是很大。

周振甫先生认为,周祖谟先生所作的《洛阳伽蓝记校释》既校了几种流行刻本的错字脱文,又校了几种引用《洛阳伽蓝记》的书,是最好的底本,所以他以此本为今译的底子。周振甫先生的这一版释译作于他为骨癌折磨期间,虽坚持完成这部文稿,却已再无精力去翻阅文献、自订错讹,也未能亲见文稿出版。其中偶有不文之处,并见脱字错讹,未为完璧。此次再版,我们以周祖谟先生的《洛阳伽蓝记校释》为正文依据校改,并汇集周振甫先生后人的意见,对释文进行逐条编修。释文中偶有错漏,已尽力改补。

周振甫先生在《引言》中提到,周祖谟先生的版本在校勘中已为《洛阳伽蓝记》区分了正文和子注,将正文顶格排,子注低一格排,故本书也沿用此格式,以示区分,使读者明了《洛阳伽蓝记》原文的体例。

另外，近些年来行政区划变迁较大。如琅琊郡，周振甫先生称"即今山东诸城县，治所为开阳县"，诸城今为县级市，为临沂所辖。再如燕郡，周振甫先生称"今北京大兴县西南"，大兴今已撤县，为北京市大兴区。凡此种种，不一而足。因行政区划分割、合并并不能与此前的地域以及古时地理区划完全对应，故未曾替改周振甫先生原先所注的地名，一仍其旧。

编者水平有限，但有不妥及错漏，敬请读者指正。

服务热线：133-6631-2326　188-1142-1266

服务信箱：reader@hinabook.com

后浪出版公司
2019 年 7 月

图书在版编目（CIP）数据

洛阳伽蓝记校释今译 /（北魏）杨衒之著；周振甫释译. -- 北京：北京联合出版公司，2019.7
ISBN 978-7-5596-3092-6

Ⅰ.①洛… Ⅱ.①杨… ②周… Ⅲ.①寺院—史料—洛阳—北魏②洛阳—地方史—史料—北魏③《洛阳伽蓝记》—译文 Ⅳ.①K928.75②K296.13

中国版本图书馆CIP数据核字(2019)第063387号

本书中文简体版权归属于银杏树下（北京）图书有限责任公司。

洛阳伽蓝记校释今译

著　　者：[北魏]杨衒之	释　　译：周振甫
选题策划：后浪出版公司	出版统筹：吴兴元
编辑统筹：梅天明	特约编辑：魏姗姗　李　梅
责任编辑：肖　桓	营销推广：ONEBOOK
装帧制造：墨白空间·肖雅	

北京联合出版公司出版
（北京市西城区德外大街83号楼9层　100088）
北京天宇万达印刷有限公司印刷　新华书店经销
字数160千字　889毫米×1194毫米　1/32　7.75印张
2019年7月第1版　2019年7月第1次印刷
ISBN 978-7-5596-3092-6
定价：38.00元

后浪出版咨询(北京)有限责任公司常年法律顾问：北京大成律师事务所　周天晖 copyright@hinabook.com
未经许可，不得以任何方式复制或抄袭本书部分或全部内容
版权所有，侵权必究
本书若有质量问题，请与本公司图书销售中心联系调换。电话：010-64010019